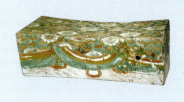

古人的生活

游牧与耕织之间
元代日常生活概览

韩志远 著

中华书局

图书在版编目（CIP）数据

游牧与耕织之间:元代日常生活概览/韩志远著. —北京:中华书局,2025.7.—(古人的生活).—ISBN 978-7-101-17260-7

Ⅰ.D691.93

中国国家版本馆 CIP 数据核字第 2025HP9830 号

书　　名	游牧与耕织之间:元代日常生活概览	
著　　者	韩志远	
丛 书 名	古人的生活	
责任编辑	刘冬雪	
封面设计	刘　丽	
责任印制	管　斌	
出版发行	中华书局	
	（北京市丰台区太平桥西里 38 号　100073）	
	http://www.zhbc.com.cn	
	E-mail:zhbc@zhbc.com.cn	
印　　刷	北京新华印刷有限公司	
版　　次	2025 年 7 月第 1 版	
	2025 年 7 月第 1 次印刷	
规　　格	开本/710×1000 毫米　1/16	
	印张 29½　字数 300 千字	
印　　数	1-4000 册	
国际书号	ISBN 978-7-101-17260-7	
定　　价	138.00 元	

目录

绪言

　　本书名为"游牧与耕织之间：元代日常生活概览"，顾名思义，内容是介绍元代这一历史阶段人们的衣食住行等日常生活。以往史家过多关注于政治、经济、文化等领域，而忽略须臾不离的日常生活。作为正史的《元史》，留给衣食住行的空间少之又少。当时人又因为习以为常，熟视无睹，并不重视衣食住行的记述。因此，资料分散而匮乏是研究这一时期衣食住行的难点。元代又是中国历史上极为特殊和承前启后的重要时代。特殊是指与传统的汉族人建立的王朝不同，元朝是由蒙古族统治者建立的王朝。何谓承前启后的重要时代？元朝统一中国，结束长达近一个半世纪的南北对峙局面，开启了各地区、各民族之间的密切联系。尽管后来元朝退出历史舞台，但一个"统一的中国"早已成为人们的共识。

　　元朝是中国历史上由蒙古族统治者建立的统一王朝，其创建者为元世祖忽必烈。元朝建都大都（今北京），并保留上都（今内蒙古自治区正蓝旗）作为固定的巡幸之地。皇帝每年轮流来往两都。这固然有适应游牧民族生活方式的一面，但更重要的是对全国的政治控制。大都是全国的政治中心，位于草原上的上都有利于与北方游牧民族联系。元武宗曾下令在今河北张北建元中都，但尚在建设之中就被后继的元仁宗罢弃。

蒙古族祖先很早就生活在大兴安岭北段、额尔古纳河以东地区。唐代，蒙古之名始见于史籍。金泰和四年（1204），蒙古族领袖铁木真统一了蒙古高原各部。金泰和六年（1206），铁木真被尊为成吉思汗，建国于漠北，国号大蒙古国。大蒙古国建立后，不断向外扩张。至蒙哥汗（元宪宗）时，已经先后灭亡西辽、西夏、金、大理，并多次攻伐南宋。蒙哥死后，中统元年（1260），忽必烈在开平（今属内蒙古自治区正蓝旗）即位。随后，战胜了争夺汗位的阿里不哥（忽必烈之弟），平息了汉人李璮的叛乱，巩固了统治。至元八年（1271），取《易经》"大哉乾元"之义，正式定国号为大元。次年，建都于大都。自成吉思汗（元太祖）建国起，历史上泛称为元朝。至元十三年（1276），元军攻陷临安（今浙江杭州），俘虏南宋恭帝赵㬎及谢太后。至元十六年（1279），元军在崖山海战中消灭了南宋流亡官员和宋军残部所重建的新朝，南宋灭亡。

元朝自忽必烈定国号算起，历十一帝，凡九十八年。从成吉思汗建国算起，历十五帝，凡一百六十三年。元朝统一后的疆域是：北到西伯利亚，南到南海，西南包括今西藏、云南，西北至新疆，东北至鄂霍次克海。

与前代相比，元朝的政治体制较为健全。中央政府的统治机构，主要由中书省、枢密院、御史台构成。中书省领六部，主持全国政务，枢密院掌管军事，御史台负责督查。地方行政机构，分别为行省、路、府、州、县。行省，是朝廷由中央临时派出机构转化为地方常设的最高行政机构。除中央直辖的腹里和宣政院管辖的吐蕃以外，元朝在全国设有辽阳、岭北、河南、陕西、甘肃、四川、云南、江浙、湖广、江西十个行省。行省掌有很大权限，统辖路、府、州、县的政务，以及钱粮、兵甲、屯种、漕运、军事等。元代的行省制度，是自秦汉以来中央集权制度的一个重大发展。

元代的经济，仍以农业经济为主，但生产技术、垦田面积、粮食产量、水利兴修以及棉花的广泛种植等都超过了前代。元朝畜牧业的发展，体现在牧地的扩大、牧养设施的改进等方面。元朝的手工业生产，除官办作坊外，民间手工业比较发达，行业种类超过前代。特别是新兴的棉纺织业、毡业，都已达到相当高的水平，瓷器、印刷业也有较大的进步。商业比唐、宋时代有了很大的发展，元朝先后在泉州、庆元（今浙江宁波）、上海、澉浦、温州、广州、杭州等地设立市舶司，专门管理对外贸易。

元代的文化艺术和科学技术有很高的成就。其中天文学居于当时世界最先进地位，数学、医学也都在世界先进之列，戏曲与小说创作繁荣，元曲成为与唐诗、宋词并称的优秀文学遗产。

元代的衣食住行等日常生活，正是在这样的历史背景下展现其特有风采的。元代的服饰带有鲜明的时代特色。元代蒙古族为统治民族，其服饰在社会生活中起主导作用。帽子、系腰、右衽长袍、皮靴等，成为当时的主流服装。元代皇帝的冕服、百官公服等，是参酌金、宋服饰制度并结合蒙古族服饰的特点制定的。元代出现不少新的服装，如质孙服、罟罟冠、怯薛服装、军戎服装、海青衣以及腰带、鞋帽等，都带有新的特点。服装在材质、花色、工艺等方面，都大大超过了前代。元代是首饰发展的重要时期，品种较前代增多，中亚的掐丝珐琅、宝石镶嵌以及玉雕镂空等技术传入中国，使首饰更加绚丽多彩。

元朝建立以前，蒙古族主要以畜牧业和狩猎为生，肉类和乳品为主要食物。"食肉而不粒"，很少食用粮食。元朝大一统后，蒙汉等民族间的交流得以加强。汉族先进的农业，对于蒙古族经济的发展起到了促进作用。同样，蒙古族发达的畜牧业，对于汉族畜牧业的发展也有很大贡献。农业和畜牧业两种经济的结合，使元代食物构成逐渐趋于合理。元代的烹饪技术有较大的发展，尤其是肉类食品烹饪制作达到很高水平。茶与酒，已经成为一种文化现象，浸入人们的日常生活。饮食器具，追求器形高大和材质贵重。元人在社会实践中积累了许多饮食卫生方面的知识，对于当时人类的健康和社会发展，起到了一定的积极作用。

元代地域辽阔，各民族所处的地理环境不同，决定了居住形式风格的差异。有草原的毡帐，有都市的宫殿，有山区的窑洞，有水乡的船屋，有平原的宅院，有沿海城市的石屋和中亚、西亚风格的建筑，等等，从而使元代住宅建筑构成一幅丰富多彩的图画。就古代传统房屋建筑技术发展来看，元代建筑，无论在形式、结构，还是材料、技术等方面，都有一定的发展。房屋建筑逐渐采用大小叠置梁枋的结构，以及减柱和移柱等方法，木料雕刻加工等手法也很新颖。石建筑逐渐增多。前后轩、后厦和工字形建筑也别具风格。隔扇门在元代住宅建筑中广泛应用，如大眼隔扇、双交四椀镶橄榄球纹隔扇等都很有特色。元代允许房屋的买卖与租赁，有相应的管理办法。家具与生活用品也很丰富，并重视环境的美化。

道路交通是连接各地的重要纽带。陆路、水路、海路是元代交通建设的三大基石。元代在全国范围内开辟了多条驿道，并建立了较为完善的驿传制度。对外陆路交通，开辟了多条经西域通往中亚和西亚地区的道路，并与欧洲沟通往来。元代重视内陆河道建设，尤其是大运河的开通影响深远。海运带来航海事业的发展和国际贸易的加强，海路交通东到高丽、日本，南到印度和南洋各地，西南通阿拉伯、地中海东部，西面远达非洲。交通与国际贸易的发展，带来城市的繁荣，出现了大都、杭州、泉州、广州等闻名世界的大都市。元代对驿站和旅店住宿采取通行证件的管理办法。车船等交通工具的种类和性能，也比前代有较大的进步。

元代的衣食住行等日常生活看似琐碎，却折射出社会的方方面面。它涵括的信息量，并不亚于其他任何专史。

衣

在古代史籍有关服饰的记载中，常常可以看到"汉冠"和"胡服"这样的文字。汉冠是指中原汉族的衣冠，而胡服则为少数民族的服饰。这种以汉冠和胡服来划分蒙古族和汉族服饰的说法，也多见于元人的记述中。应当说，进入内地前的蒙古人的服饰，与汉族服饰的确有明显的差异。民族的习惯爱好，只是装束不同的一个方面，根本原因取决于经济生活方式的不同。元朝统一全国以前，蒙古族生息在漠北草原，从事游牧狩猎，是马背上的民族。这与常年跟土地打交道的农业民族不同，马背民族需要的是腰围紧束、便于骑射的服饰。

蒙古族的男女服装款式相近，均穿长袍，后人俗称这种长袍为蒙古袍。其形制通常是衣襟在右边，领口为方形和交叉形两种，腰间密密麻麻打许多细褶，并用称为腰线的红、紫、蓝帛围束，突出漂亮的身段。内蒙古自治区的蒙元文化博物馆收藏了一件完整的云龙纹织金锦辫线袍，其右衽、窄

元代云龙纹织金锦辫线袍（内蒙古自治区蒙元文化博物馆藏）

元代印金提花绫长袍

袖、腰间辫线等形制与史籍的记述很吻合。这是一件研究元代服饰的珍贵实物资料。近年在元集宁路（今属内蒙古自治区集宁）也出土过一件印金提花绫长袍，系交领左衽窄袖长袍，说明左衽服装在蒙古人中间并未绝迹。

最初，蒙古人衣服的质地以毡、皮毛、皮革为主。随着各民族间的交往密切、纺织品的传入和手工业的发展，蒙古人也逐渐使用棉花、织锦、丝绸等制作服装。但是，由于漠北草原地区气候的原因，服装换替基本上还是两季，冬夏之服不同，冬皮夏单。冬天草原空旷寒冷，无论富贵贫穷，皮袍都是不可缺少的御寒之物。富者穿用华丽昂贵的貂皮、银鼠皮、狐皮缝制的皮袍，穷人多用羊皮、狗皮制作衣物。蒙古人进入大都后，当地也开始流行冬天穿皮衣的习俗。"市人多服羊皮御冬寒，只一重不复添加。比至来年三、四月间，多平价卖讫，甫及冬冷时又新买，不复问其美恶，多服之。皮裤亦如之，多是带毛者，然皆窄狭，仅束其腿胫耳。"（《析津志辑佚·风俗》）不仅穿皮衣，还穿紧身皮裤。大都里高官更喜欢穿名贵的皮衣，所谓"龙里中官多宠贵，银貂青鼠裘新制"（《析津志辑佚·岁纪》）。元时来华的意大利人马可·波罗说："银鼠皮及貂皮，是为价值最贵而最美丽之两种皮革。盖貂袍一袭值价金钱二千，至少亦值金钱一千，鞑靼人名之日'毛皮之王'。"（冯承钧译、党宝海新注《马可波罗行纪》第352页，河北人民出版社1999年版）普通蒙古人的皮制冬服，一般要做两件：一件皮毛向里，一件皮毛向外。两件皮袍视天气变化交替穿用。另外，还有在庐帐（蒙古包）里穿的柔软轻便的皮袍等服装。蒙古人也用毛皮做裤子，用棉花、丝绵、羊毛等絮做棉衣。夏天穿棉布、丝绸做成的衣

元人《戏婴图》中身穿皮毛坎肩、头戴皮帽子的幼童

身穿民族服装的侍人立陶俑
（陕西西安东北郊六村堡乡出土，西安博物院藏）

元代诸色人的衣着（山西右玉宝宁寺水陆画第57幅《往古九流百家诸士艺术众》）

服。雨季多穿毛毡制成的雨衣。已婚贵族妇女，常穿一种又宽又大的袍子。这种袍子，袍身虽宽大，但袖口却仅有五寸左右。衣袍两腋下，一边缝一条紫罗带，拴于背后，袍长拖地，行走时须有使女在后面提袍。13世纪中叶，意大利人普兰诺·加宾尼出使蒙古，见到蒙古人穿"粗麻布、天鹅绒或织锦制成的长袍，这种长袍是以下列式样制成：它们（二侧）从上端到底部是开口的，在胸部折叠起来；在左边扣一个扣子，在右边扣三个扣子，在左边开口直至腰部。各种毛皮的外衣样式都相同；不过，在外面的外衣以毛向外，并在背后开口；它在背后并有一个垂尾，下垂至膝部"（［英］道森编、吕浦译、周良霄注《出使蒙古记》第8页，中国社会科学出版社1983年版）。这种前后左右开口的长袍，与需要使女提袍的宽大长袍和左衽服装，都不是蒙古人的主流服装。在蒙古人服装中占据主导的，还是法国人鲁不鲁乞（又译作鲁布鲁克）所说的"在前面开口，在右边扣扣子"（《出使蒙古记》第120页）的长袍。

蒙古人喜欢穿着红、紫、绀、绿等色彩艳丽的衣服。周伯琦《上京杂咏》诗中有"后车倾国色，艳服更珠缨"，描写的就是蒙古人所穿的鲜艳服饰。元朝建立前，贵族与平民衣着并没有严格的高低贵贱区别，任何人都可以穿带有日月、龙凤纹饰的衣服。入元之后，官民服装等级开始有了明显的区别，服装的质地和图案有了不同的规定。但是，蒙古人对于服饰的规定，较其他民族宽松。延祐元年（1314），元仁宗命中书省定立服饰等级，明确"蒙古人不在禁限，及见当怯薛诸色人等，亦不在禁限，惟不许服龙凤文"，而且注明"龙谓五爪二角者"（《元史·舆服志》）。

蒙古贵族和妇女的衣着（元壁画临摹）

　　蒙古妇女无论贵妇还是贫女，大都擅长缝制衣服。元世祖忽必烈的皇后察必地位显赫，但常常"率宫人亲执女工"。察必皇后曾用旧弓弦织成衣服，"其韧密比绫绮"。她还设计出一种叫作"比甲"的服装，"前有裳无衽，后长倍于前，亦无领袖，缀以两襻"（《元史·后妃列传》）。这是一种既没有衣襟，也没有领子和袖子的上衣，而且前身很短，后身很长。这种衣服便于拉弓骑马，于是时人纷纷仿制。

　　蒙古人很少洗涤衣服。据赵珙《蒙鞑备录》记载："其俗多不洗手，而每拿攫鱼肉，手有脂腻，则拭之衣袍上。其衣至损不解浣濯。"这主要是与缺水的环境和禁忌习俗有关。蒙古人居住的地区，除草原外，还有沙漠和戈壁。窝阔台（元太宗）即位后，曾下令在草原、戈壁上无河流、湖泊之处打井，以向居民提供用水。由于牧民居住很分散，而且流动性很大，用打井方式很难解决用水的问题。在用水紧张的情况下，洗衣服就成为很奢侈的事情。此外，蒙古人还有洗衣的禁忌，"夏不浴于河，不浣衣，不造毡，野有菌则禁其采"（《长春真人西游记》）。他们认为夏天洗衣和晾晒，会引起天神震怒，遭到雷劈。但是，进入内地后，就不再见有蒙古人不洗衣的记述了。

蒙古人喜欢戴帽子，"冬帽而夏笠"（《黑鞑事略》）。蒙古人的帽子，通常是无前檐扁帽。这种帽子边缘略隆起，帽后垂缘，以带子系于颈下。察必皇后为使元世祖忽必烈在骑射时能遮挡阳光，曾对蒙古帽作了些改革，增加了前檐。于是，带前檐的蒙古帽成为一种流行的新式帽子。在元代文物中，也能发现戴帽子穿长袍的蒙古人形象。北京故宫博物院收藏有一件元代玉雕牧马镇，是用来作镇纸用的文具。牧马镇用青灰色玉料雕成，一人一马，马回首跪卧，一牧马人靠坐马后身，头戴尖顶小帽，身穿长袍，面似蒙古人。玉雕作品古朴、粗犷，具有浓厚的草原气息，反映了元代玉雕的特点，同时也是研究元代蒙古人服饰的珍贵实物资料。内蒙古自治区蒙元文化博物馆收藏有一件元代铜鎏金人物坐像，一位女士头戴着一顶顶部凸起的无檐帽，这种帽子形制是当时蒙古人常戴样式。

蒙古人最独特的帽子是一种称作"固姑"，也作"罟罟"，蒙古语作"孛黑答"的冠帽。这是蒙古贵族妇女所戴

元代玉雕牧马镇（北京故宫博物院藏）

元代铜鎏金人物坐像
（内蒙古自治区蒙元文化博物馆藏）

戴罟罟冠的答剌麻八剌
正妃答己画像

的一种特制帽子，其样式和制法极为奇特。它是以木质为骨架，外包以红绡金帛，形状如圆柱，顶部正方，高二尺左右，上插羽毛，按等级分为大、中、小三种。蒙哥（元宪宗）统治时期，法国人鲁不鲁乞奉国王之命出使蒙古，曾见过当时蒙古妇女戴的这种罟罟冠。他描述说（《出使蒙古记》第120页）：

> 妇女们也有一种头饰，他们称之为孛哈（bocca），这是用树皮或她们能找到的任何其他相当轻的材料制成的。这种头饰很大，是圆的，有两只手能围过来那样粗，有一腕尺多高，其顶端呈四方形，像建筑物的一根圆柱的柱头那样。这种孛哈外面裹以贵重的丝织物，里面是空的。在头饰顶端的正中或旁边插着一束羽毛或细长的棒，同样也有一腕尺多高；这一束羽毛或细棒的顶端，饰以孔雀的羽毛，在它周围，则全部饰以野鸭尾部的小羽毛，并饰以宝石。富有的贵妇们在头上戴这种头饰，并把它向下牢牢地

画家笔下蒙古人的服饰（元人《番骑图》）

系在一个兜帽上，这种帽子的顶端有一个洞，是专作此用的。她们把头发从后面挽到头顶上，束成一种发髻，把兜帽戴在头上，把发髻塞在兜帽里面，再把头饰戴在兜帽上，然后把兜帽牢牢地系在下巴上。因此，当几位贵妇骑马同行，从远处看时，她们仿佛是头戴钢盔、手执长矛的兵士；因为头饰看来像是一顶钢盔，而头饰顶上的一束羽毛或细棒则像一枝长矛。

蒙古人所戴的这种罟罟冠形制很特殊，因此给外人留下深刻的印象。

另一位到过蒙古草原的普兰诺·加宾尼说："在她们的头上，有一个以树枝或树皮制成的圆的头饰。这种头饰有一厄尔高，其顶端呈正方形；从底部至顶端，其周围逐渐加粗，在其顶端，有一根用金、银、木条或甚至一根羽毛制成的长而细的棍棒。这种头饰缝在一顶帽子上，这顶帽子下垂至肩。这种帽子和头饰覆以粗麻布、天鹅绒或织锦。不戴这

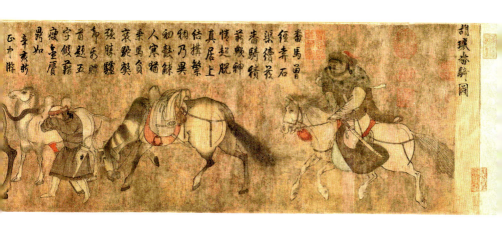

元代蒙古人的头饰（内蒙古自治区赤峰元墓壁画）

蒙古人的辫发样式

种头饰时，她们从来不走到男人们面前去，因此，根据这种头饰就可以把她们同其他妇女区别开来。"（《出使蒙古记》第8页）

元朝建立后，罟罟冠也随蒙古妇女进入内地。元代的罟罟冠与早期蒙古的罟罟冠，前后形制并无多大变化，只是上缀的名贵珠宝玉石饰物增多。据元人熊梦祥《析津志》记载："罟罟，以大红罗幂之，胎以竹，凉胎者轻，上等大，次中，次小。用大珠穿结龙凤楼台之属，饰于其前后。复以珠缀长条，缘饰方弦，掩络其缝，又以小小花朵插带，又以金累事件装嵌，极贵。宝石塔形，在其上。顶有金十字，用安翎筒以带鸡冠尾。出五台山，今真定人家养此鸡，以取其尾，甚贵。罟罟后，上插朵朵翎儿，染以五色，如飞扇样。"（《析津志辑佚·风俗》）原本很普通的一种帽子，到了元代竟成了"极贵""甚贵"的头饰。这种罟罟冠始终为蒙古妇女所特有，汉族妇女基本上未见有戴罟罟冠的。而且在汉族人眼里，罟罟冠也是一种奇装异服。元人聂碧窗《咏胡妇》诗云："双柳垂鬟别样梳，醉来马上倩人扶。江南有眼何曾见，争卷珠帘看固姑。"（《南村辍耕录》卷八《聂碧窗诗》）蒙古妇女很忌讳他人触动其罟罟冠，认为会带来霉运。近年在内蒙古自治区四子王旗的元代贵族墓葬中，发掘出多件罟罟冠实物，成为了解蒙古族服饰的重要实物资料。

蒙古人大都穿靴，以皮靴、毡靴为主要鞋具。皮靴以马皮、狼皮、羊皮制作的较多。而且，"靴则鹅其顶"（《草木子》卷三《杂制篇》），即喜欢高头皮靴。同时，也缝制短袜，袜子以白羊毛毡袜、白绢夹袜较为名贵。

蒙古人的发式与汉人不同，男子剃去头顶上一方块头发，留头前发而剪短散垂，两旁发绾作两髻，悬垂左右肩，或合为一辫垂于背后。蒙古妇女的发式，中文史籍记载较少。通过曾到过蒙古地区的两位外国人记述，大致可以了解一二。普兰诺·加宾尼说：蒙古男子从前额两边剪去的头发较多，而在前额中央剪去的头发较少，使得中央的头发较长。其余的头发，他们允许它生长，像妇女那样。鲁不鲁乞说：蒙古妇女结婚前，无须把头顶的发剃光。结婚以后，妇女就把自头顶当中至前额的头发剃光，并把两边头发编成两条辫子，垂于两肩及胸前。可见，女人的发式与男人大致相似。蒙古妇女往往喜欢以黄粉涂额。蒙古风俗"贱老而喜壮"（《蒙鞑备录》），因此，男子中也有人染发，以显示青壮。

元朝统一全国后，蒙古人服装基本上保持了固有的形制，只是冕服、公服等参酌金、宋制度而有所改革。总之，元代蒙古族作为统治民族，其服饰在元代社会生活中产生很大影响。

金宋遗民的剃发改巾

衣冠服饰看似是习俗问题，实际上，可以说是社会历史变革的标签。因此，国家的兴亡，政权的交替，往往伴随着服饰的变革。元朝统一过程中，在服饰方面也经历了一场强力推行的变革。

13世纪初，一个长期受大金王朝统治的民族——蒙古族迅速崛起，并于1206年在漠北草原建立了大蒙古国。此后短短二十余年间，实现了灭亡西夏的战略目标后，挥师南下灭

成吉思汗画像

金朝人的衣着服饰
（金朝墓葬壁画中的男侍奉茶图，甘肃
清水贾川乡董湾村出土）

金。1232年正月，蒙古军队在钧州三峰山全歼金军精锐后，于是年三月包围金朝南京开封。次年，金末帝出逃归德，金朝土崩瓦解。不久，金南京守将西面元帅崔立发动政变，杀参知政事完颜奴申、枢密副使完颜斜捻阿不，持二人首级诣蒙古军前投降。至此，大金王朝的上京、东京、西京、中都、南京尽失，濒临灭亡。

蒙古军占领金南京后，像对待其他占领区人民一样，下令："在京士庶皆割发为北朝民。"（《归潜志》卷十一《录大梁事》）当时，金朝人发式和服饰与蒙古人的装束截然不同，为"巾环襕领"（《草木子》卷三《杂制篇》），束发用巾，装束与汉人相近，"止左衽异焉"（《金虏图经·冠服》）。而蒙古人的装束是"胡服胡帽"（《蒙鞑备录》），头顶部剃发，两侧绾髻。蒙古军作为胜利的一方，强令被征服的金朝臣民在发式与服装上改为蒙古人的装束。

改变装束是归顺新朝的标志，因此，原金朝境内的臣民被迫改装易服。但是，金朝遗民中也有宁死不屈、坚不从命者。曾担任金讲议所陈言文字的女真人蒲察琦听到"改易巾髻"的命令后，对好友文学家元好问说："今日易巾帻，在京人皆可，独琦不可。琦一刑部译史，袭先兄世爵，安忍作此?"他表示要以死抗争，并向元好问泣涕告别。蒲察琦回到家中，老母亲从睡梦中惊醒，蒲察琦过去问候。其母说："适梦三人潜伏梁间，故惊寤。"意思是说，在梦中看见有三个人趴在房梁上，于是被惊醒。蒲察琦忙跪下说："梁上人鬼也。儿意在悬梁，阿母梦先见耳。"（《金史·忠义传四·蒲察琦》）家人听说蒲察琦要自尽，哭着劝他为老母亲着想。而他母亲让家人别劝，认为儿子的做法是对的。于是，蒲察琦自缢而死。

元朝灭亡南宋后，在服饰方面，并未像对待金朝遗民那样采取强硬措施，而是采取较为和缓的做法，主要通过潜移默化的方式，逐渐以"胡服"替代"汉冠"。不数年，"宋之道俗，销灭尽矣。为士者辫发短衣，效其（指蒙古人）语言容饰"（《皇明文衡》卷九十一《时斋先生俞公墓表》）。到了元朝中期，这种服饰的变化有了更进一步的发展。"俗沦于胡夷，天下皆辫发椎髻，习其言语文字，驰马带剑以为常"（《逊志斋集》），从装束到心态，已经看不出汉人和蒙古人的区别了。

随着元朝在全国的统治逐渐稳固，"胡服"最终取代"汉冠"而风靡全国。"元以胡俗变易中国之制，士庶咸辫发椎髻，深檐胡帽，衣服则为袴褶窄袖及辫线腰褶，妇女衣窄袖短衣，下服裙裳。"（《明太祖实录》卷三十）元人虞集《挽文丞相》诗中有："徒把金戈挽落晖，南冠无奈北风吹"，反映了当时南宋汉族士人对于服饰改朝换代的无奈心境。蒙古人的服饰，的确像一股强劲的北风吹遍了中华大地。元代汉人改穿蒙古式衣服不仅文献上有记载，而且有实物佐证。近年内地出土的元代女式和右衽对襟细腰的白色细麻布衣等，都是

元好问塑像

元代香黄色梅雀方补菱纹暗花绸夹袍
（山东邹城李俨墓出土）

元代女性服饰
（甘肃漳县汪世显家族墓出土，
甘肃省博物馆藏）

重要的实物资料。可以说，元代的服饰在中国服装发展史上
占有极其重要的地位。

　　然而，服装从来都是胜利者的道具。至正二十八年
（1368）年初，朱元璋在集庆（今南京）建立明朝，改年号
洪武。二月，即下令"复衣冠如唐制"（《明太祖实录》卷三十）。
当时明军尚未北伐，元朝还未被推翻。这说明，朱元璋也意
识到改革服饰对于改朝换代的重要性。同年九月，明军攻克
大都，元朝灭亡。朱元璋后来对高丽使臣说："我这里当初也
只要依原朝样带帽子来，后头寻思了，我既赶出他去了，中
国却蹈袭他这些个样子，久后秀才每文书里不好看，以此改
了。"（《高丽史》卷一三六《辛禑传》）"帽子系腰"的元服，最终
被"方巾圆领"的明服所替代（《草木子》卷三《杂制篇》）。

<table>
<tr><td>

帝后服饰

</td><td>

大蒙古国时期，蒙古大汗服饰并没有定制，着装无论材质还是式样都很随意。鲁不鲁乞觐见蒙哥

</td></tr>
</table>

汗时，所看到的是："蒙哥汗坐在一张床上，穿着一件皮衣，皮上有斑点且有光泽，像是海豹的皮。"（《出使蒙古记》第172页）可见，直到蒙哥时期，大蒙古国都没有制定冕服制度。《元史·舆服志》云："初宪宗壬子年秋八月，祭天于日月山，

推选蒙哥为大汗的忽里台大会

成吉思汗诸孙画像

用冕服自此始。"除此之外，没有任何资料说明，蒙哥时代已经建立冕服制度。而且，从蒙哥一向反对忽必烈在汉地行汉法来看，他也不可能采用汉族王朝的冕服制度。

元朝建立之后，才着手制定皇帝冕服制度。据《元史·舆服志》记载："元初立国，庶事草创，冠服车舆并从旧俗。"然而，《舆服志》中并未交代忽必烈究竟从什么时候开始制定冕服制度。据《元史·世祖本纪》记载，至元六年"冬十月己卯，定朝仪服色"。第二年的十一月闰月，"禁缯段织日月龙虎，及以龙犀饰马鞍者"。说明，至元六年至七年间（1269—1270），元廷正在进行包括冕服在内的服饰改革。由于冕服图案有日月、龙虎等，因此才会被禁用。所以说，元代冕服制度的制定，当在至元七年之后。

元朝服饰改革的原则是："参酌古今，随时损益，兼存国制（即蒙古制度），用备仪文。"(《元史·舆服志一》)目的很明确，就是既要继承传统朝服形制，又要兼顾蒙古族服装的特色。元代皇帝的服饰同样如此，基本上是蒙汉两种服饰的结合体。具体到某件服装，或汉服比重多一些，或蒙古元素多一些，并无统一的标准。正如元朝官修政书所说："圣朝舆服之制，适宜便事及尽收四方诸国也，听因其俗之旧又择其善者而通用之。世祖皇帝立国建元，有朝廷之盛，百官之富，宗庙之美，考古昔之制而制服焉。"(《元文类》卷四十一及《经世大典序·舆服》)所表述的意思是：因袭蒙古族服装旧俗，并有选择地吸收其他服装的优点，而定立元朝服制。

元朝皇帝穿的礼服称为冕服。早在商周时代就有冕服制度，诸侯、王子的礼服也称冕服，这一称呼之后才唯皇帝所

蒙哥画像

元文宗、元明宗缂织御容，前者外着白搭护，后者外着蓝搭护，均内穿大红织金缠身云龙纹袍

独享。忽必烈在中统建元诏中就表示："法春秋之正始，体大易之乾元。"（《元史·世祖本纪一》）也就是说，他建立王朝是华夏一体的延续。因此，元朝皇帝的礼服保留传统帝王衮服形制成分较多。

元代皇帝头上戴的皇冠称冕。冕，外用黑纱制成，里子为红色，上盖称作綖，四周环绕云龙。綖的前后有用珍珠串成的旒各十二条。綖上面横穿天河带一条，左右至地，长度超过前代。一支玉簪横贯于冕。

元朝皇帝身上穿的衮龙服，用青罗制成，生色销金为饰，绘有日、月、星、山、水、华虫、宗彝等图案，其图案种类和数量也超过前代。与衮龙服相配的有裳、中单、蔽膝、玉佩、大带、玉环绶、红罗靴、履等。裳是下身穿的衣服，用大红罗缝制，形状如裙，上面有十六行五彩文绣。中单料用白纱，红边，黄腰带。蔽膝是系在袍上的衣物，用红罗缝制，有绲边，形状像围裙，上绣龙图。衣服上悬挂各种美玉组成的玉佩。身上系的大带，是用红白二色罗合缝而成的。玉环绶用金锦织成，上有三个小玉环，下有青丝织网。

皇帝脚上穿的是袜、靴和履。袜用红绫做成。靴是高勒红罗靴。履用金锦做成，有双耳、带钩，上面装饰有珍珠。靴子基本上是采用蒙古皮靴的形制。

元朝皇帝所穿黄袍的配饰，明显大大超过前代。据元文宗时任鉴书博士的柯九思说："御服多以大珠盘龙形，嵌以奇珍，曰鸦忽，曰喇者，出自西域，有直数十万定者。"（《草堂雅集》卷一《宫词》）元朝皇室极为嗜好珠宝，从各地进口大量的珠宝用于服饰点缀。"圣朝奄有四海，尽日月出入之地，无不奉珍效贡，稽颡称臣。故海人山兽之奇，龙珠犀贝之异，

波斯细密画中的窝阔台大汗加冕礼

元文宗图帖睦尔画像

莫不充储于内府，畜玩于上林，其来者视昔有加焉。"(《大德南海志》卷七《舶货》)中外海路交通的发达，使得元朝服饰材料广泛程度前所未有。元朝帝后的服饰之名贵，也是历朝无可比拟的。

元代皇帝采用新的冕服制度后，龙、虎、日、月等图案就成为皇帝的专用品。早期对带龙的图案管理还不太严格，仅禁止使用缠身大龙。但随后，龙的图案一律禁止他人使用。

元代后妃的服饰，《元史·舆服志》中并未记载。好在《元氏掖庭记》中有一些这方面的记述："后妃侍从各有定制。后二百八十人，冠步光泥金帽，衣翻鸿兽锦袍。妃二百人，冠悬梁七曜巾，衣云肩绛缯袍。嫔八十人，冠文谷巾，衣青丝缕金袍。"主要以蒙古袍服、冠帽为主，加上汉族传统的云肩、头巾等。《草木子·杂制篇》中说："元朝后妃及大臣之正室，皆带姑姑、衣大袍，其次即带皮帽。姑姑高圆二尺许，

元太宗窝阔台画像

元世祖皇后察必画像

元代后妃画像

元文宗皇后、元明宗皇后缂织御容，着大红织金缠身云龙纹袍

用红色罗。"传世的元代帝后像中的后妃衣着，是穿红袍、戴红色罟罟冠，说明袍服和罟罟冠仍是元代后妃常用的服饰。元代诗人萨都剌的《上京杂咏五首》，其中有一首云："中官作队道宫车，小样红靴踏软沙。昨日内家清暑宴，御罗凉帽插珠花。"（《雁门集》卷六）说明平日后妃们也穿红靴、戴罗制凉帽。

　　除帝后有特定的服饰外，元朝太子也有专门的冠服。至元十二年（1275）所拟定的太子冠服形制，是由衮冕、玄衣、纁裳、中单、蔽膝、玉佩、大绶、白袜、赤舄组成。衮冕是白珠串成的九旒，穿黑色上衣，绛色的下身衣服，白纱中单，衣外加围裙，皮革腰带饰玉佩，系大绶带，以及白色袜子、涂金带银扣红鞋。衣服上还有山、龙、华虫、宗彝等图案。

《元世祖出猎图》
（元刘贯道，台北故宫博物院藏）

元朝帝后不上朝的时候，穿着的衣服基本上还是蒙古族服装。只不过入元之后，服装的材质更加丰富，不仅有江南丝织品，还有中亚纺织品。制作工艺水平也有了很大的提高，而且名贵的配饰增多。因此，服装的质量较前代有了很大的提高。

百官公服

官员从事公务活动所穿服饰，称为公服。《元典章·礼部》中收录一件"文武品从服带"的公文，说至元二十四年（1287），世祖"奏准文资官定例三等服色，军官再行定夺。今收附诸国数年，所据军官，拟合依随朝官员一体制造"。这说明，元世祖时期元朝政府已经开始制定官员的公服制度。

元代公服制度以官员等级为准则，各级官员的公服有严格的区分。首先，规定公服所用衣料材质为罗，形制为大袖盘领，一律右衽，戴黑纱展角幞头，穿皂皮靴，并以花纹、色彩、质地等分为不同等级。这种公服的标志十分清楚，通过花朵的大小、花的种类和颜色，使人一眼就能区分出等级。因此，元代的百官公服是等级社会的重要标志，任何僭越都要受到惩处。下面综合《元史·舆服志》和《元典章·礼部》的记述，将百官公服进行分类：

一品用直径五寸大独科花的紫罗袍，系玉腰带；二品用直径三寸小独科花的紫罗袍，系花犀腰带；三品用直径二寸无枝叶的散答花紫罗袍，系荔枝金带；四品、五品用直径一寸五分小杂花紫罗袍，系荔枝金带；六品、七品用直径一寸的小杂花红罗袍，系乌犀角腰带；八品、九品用无花纹绿罗袍，系乌犀角腰带。

从上述资料中不难看出，花卉是元朝官服的重要标志。传统的中原王朝官服，多以奇珍异兽、星辰海浪为标志，为什么元朝选择花卉作为官服的标志？这大概与蒙古人对鲜花的热爱有关。凡花季到过草原的人都知道，满地鲜花铺到天边，这是草原最美的时候。蒙古人对草原上的鲜花情有独钟，能分辨出各式各样的花卉。用大独科花、小独科花、小杂花、散答花等区分等级，成为一种常用的做法。所谓的大独科花，即单枝的大团花，当属牡丹之类。元人萧洵《故宫遗录》说："后苑中有金殿，殿楹窗扉皆裹以黄金，四外尽植牡丹，百余本，高可五尺。"元朝工部修建东宫时，还专门从平章政事廉希宪宅院移栽名品牡丹。在元人看来，花中以牡丹最为贵重，用来做一品官服上的花卉图案很相配。小独科花，即花朵略小的花，当为芍药之类。小杂花，即小野菊花之类。用花来区分等级，是蒙古人最易接受的方式。

延祐元年（1314），元仁宗又以"靡丽相尚，尊卑混淆"（《通制条格》卷九《衣服》），命中书省定立服色等第。于是，百官公服又有新的规定：职官一品、二品服浑金花，三品服金答子，四品、五品服云袖带襕，六品、七品服六花，八品、九品服四花，五品以下系腰许用银，并减铁。对降职官员，规定应穿现任品级的服饰。官员不叙职，要穿着庶人服饰，并严格规定，"服色等第，上得兼下，下不得僭上"（同上）。即地位高的人，可以穿地位低的服装；而地位低的人，不允许穿地位高的服装。而且，如果违反制度，一律严厉惩处：职官解除现任职务，停职一年后，降一等叙职。其

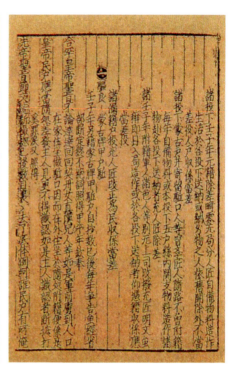

《元典章》书影

山西永济元永乐宫《朝元图》壁画中的品色服

山西右玉宝宁寺水陆画中的元代儒士

余人员违制要受杖刑，重责五十七下。由此可见，元代乱穿衣服之后果是很严重的。

延祐初年制定公服制度时，医官服饰并未纳入公服系列。延祐三年（1316），太医院为此上奏云："儒学正录皆有公服，惟医学正录教谕与常人排列，未辨何役，似失大体。"（《元典章新集·礼部》）请求按儒学官员待遇制作公服。这一奏报得到中书省礼部批准。

元代吏员是一个庞大的群体，包括提控案牍、都吏目、典史、司吏等公务人员。这部分人一般没有品级，最初并无公服，办公仍穿寻常衣服。至元九年（1272），经中书省拟定，才开始实施公服制度。当时规定，其公服为檀合罗窄衫、黑角束带、舒角幞头。大德八年（1304）又规定，江南巡检与院务仓库官等没有公服的公务人员，依照提控案牍、都吏目等吏员制造公服。延祐二年（1315）又规定，"皂吏公使人惟许服绸绢"。延祐五年（1318）正月，中书省同意江浙行省的呈报，批准水站管理人员，"檀合罗窄衫、乌角带、舒角幞头穿用"（《元典章·礼部二》）。

　　元代规定，除办公务穿公服外，正旦朝贺一定要穿公服。而平时不许穿公服，尤其不允许着公服会见客人。元代对公服穿着，历朝还有具体法规。如至大二年（1309）规定，遇到雨雪天气，仍要穿公服办公；皇庆二年（1313）规定，穿公服不得与他人行礼；泰定元年（1324）新规定，雨雪天气，官员免穿公服。公服的规定，越来越具体细致。

社会各阶层的服饰

　　在元代社会，服饰是一种身份等级的标志。因此，元朝除规定官员品级公服之外，对社会各阶层人士的服饰也有一定规定。尤其是到了元仁宗统治时期，元朝的服饰制度有了更加明确的规范。

　　延祐元年（1314），朝廷颁布定服饰诏书，内容几乎涉及到各阶层人士。其具体规定如下：

　　一、凡命妇（授品级的官员家属）所穿衣服，一品至三品服浑金，四品、五品服金答子，六品以下只许服销金及金纱答子。佩戴首饰，一品至三品许用金珠宝玉，四品、五品用金玉珍珠，六品以下用金配饰，仅许耳环用珠玉。

　　二、黎民百姓着装，不得穿用赭黄色，只许穿粗布、丝

元代的艺人俑（河南焦作元墓出土）

绸、绫罗、丝绒等制成的暗花衣服。所戴帽笠，不许用金玉装饰，靴子不得裁制成花样。首饰许用翠花、金钗、篦子各一件，耳环可以用金珠碧甸，其余允许用银。

三、艺人服饰，与庶人相同，演戏所用道具服装不受限制。即艺人平时穿戴与老百姓一样，衣服和配饰要按等级规定穿戴。但在舞台上因演出需要，用的道具不受限制。

四、官衙门中从事杂役的人员着装，只许穿绸绢缝制的衣服。不允许穿用金锦等名贵的衣服，形制上并未有过多的规定。

山西洪洞广胜寺壁画中的元代女性装束

五、娼妓之家，只服皂褙子。对于娼妓的服饰，最初并未有严格规定，"多与官员、士庶同着衣服，不分贵贱"（《通制条格》卷九《衣服》）。元世祖至元八年（1271），元朝颁布条令规定：娼妓之家只能穿皂衫，戴角冠。娼妓之家长和亲属裹青头巾，妇女着紫袜子，而且须经常穿戴，不许戴笠和穿带金衣服。延祐元年（1314），新定服色等级时，又进一步重申"娼家出入，止服皂褙子"（同上）的规定。黑色的布衫、无袖的坎肩和青头巾是娼家的服饰标志。

六、元代儒士的服饰，"无以异于常人"（《元典章》卷二十九《礼部》），只是礼服要求戴唐巾和穿有襕带的衣服。唐巾是式样像幞头的一种头巾。常见幞头一般两角下垂，而元代唐巾"两角上曲作云头"（《元史·舆服志一》），即在头顶上翘出两角，像白色云团。"有襕带的衣服"，是一种长袍并系腰带的服饰。

七、僧人服饰，讲主穿红袈裟、红衣服，长老穿黄袈裟、黄衣服，其余僧人穿茶褐色袈裟、茶褐色衣服。

元朝虽然规定了服装等级，但实际上很难达到预期的目的。元人郑思肖说："鞑法，一官、二吏、三僧、四道、五医、六工、七猎、八民、九儒、十丐，各有所统辖。"（《心史》）他认为，元代儒士的社会地位低于老百姓，仅比乞丐稍强一点。这反映出入元以后南宋儒士的一种怀旧心境。其实，元朝实行的是四等人制，四等人即蒙古人、色目人、汉人、南人，对于阶层从来未有明确的划分。只是"名编户籍，素本齐民，为之良；店户、倡优、官私奴婢，为之贱"（《吏学指南》）。百姓中是以良民和贱民区分的。当时，除乡间务农者之外，有人根据各种职业将社会人员划分为："儒、释、道、医、巫、工、匠、弓手、曳剌、祗候、走解、冗吏、冗员、冗衙门、优伶、一切坐贾行商、倡伎、贫乞、军站、茶房、酒肆店、卖药、卖卦、唱词货郎、阴阳二宅、善友五戒、急脚庙官杂类、盐灶户、鹰房户、打捕户、一切造作夫役、淘金户、一切不农杂户、豪族巨姓主人奴仆。"（《紫山大全集》卷二十二《论积贮》）可见，人员职业五花八门，衣服很难按标准统一。

被忽必烈封为国师的八思巴画像（西藏博物馆藏）

元刻本《全相五种平话》中军官、
士兵的服装

元刻本《全相五种平话》中
劳动者的服装

即使同一等级，财产多少、家境好坏并非相同，因此服装优劣也难以一致。如元世祖至元年间，浙西按察司书吏李仲谦，"上侍父母，下抚两弟"，"教训之俸薄，俸养不给，妇躬纺绩，以益薪水之费。仲谦止有一布衫，或须浣濯补纫，必俟休暇日。至是，若宾客见访，则俾小子致谢曰：'家君治衣，弗可出。'"（《南村辍耕录》卷五《廉介》）李仲谦作为政府部门的吏员，仅有一件布衫，更别说绸绢衣物了。而在建康（今南京）做书吏的孔先生，尚有绸绢、木棉、苎丝、绫罗等材质制作的服装（《至正直记》卷三《衣服尚俭》）。元泰定进士吕思诚，在未考取进士之前，家里很贫穷，"一日，晨炊不继，欲携布袍贸米于人，室氏有吝色，因戏作一诗曰：典却春衫办早厨，老妻何必更踌躇。瓶中有醋堪烧菜，囊里无钱莫买鱼。不敢妄为些子事，只因曾读数行书。严霜烈日皆经过，次第春风到草庐"（《南村辍耕录》卷十二《文章政事》）。作为儒士的吕思诚穷得要当布袍，显然没有更贵重的绸缎服装。甚至有"博学能诗文"的儒士，甭说穿有襕带的衣服，连普通的布袍也没有，平时只穿"露顶短褐，布袜草履"（《南村辍耕录》卷八《隐逸》）。至于东南西北，风俗、气候各异，服装更是难以规范。元人李京的《云南志略》一书记述了白人（今白族）、罗罗、金齿、斡泥、僚人、蒲人等云南许多民族的服饰，基本上自成一系，与元代规定的各阶层服装并不一致。

服饰从来都是权贵彰显奢华的载体，衣不遮体也是贫穷专属的代名词。蒙古人是元朝法律规定的第一等人，但是同为蒙古人的服饰，往往也有天壤之别。如顺帝至元四年

陕西横山元代壁画墓"五位夫人伴夫君"图

墓主夫妇六人并坐于长榻上,身后为方格纹屏风,上有帷幔轻挂。男主人坐于中间,正面向前,五位夫人分别坐在男主人两侧,微微侧身袖手望向男主人。夫人均内着左衽短襦衫,外罩开襟半袖衫,下穿长裙。

(1338),皇太后卜答失里命将作院为太师伯颜用"紫绒金线翠毛孔雀翎织一衣段",这件衣服"直计一千三百定"(《山居新话》)。同年,顺帝妥欢帖睦尔与伯颜北巡,从行驾运酒车的"兀剌赤(蒙古语意为车马夫)多无御寒之衣,致有披席者。有一小厮无帽,雪凝其首,若白头僧帽者"。这些兀剌赤,衣不遮体,寒冷至极,望见顺帝车驾"哭声震起",顺帝只好下令分给他们一些御酒御寒(《永乐大典》卷一二〇四三《酒字韵》)。

元代有一个称为"怯薛"的群体，怯薛是蒙古语的音译，意思是轮流值宿守卫，其成员称为怯薛歹。怯薛最初为草原部落亲兵，后发展成为元朝皇帝的贴身宿卫。元朝建立后，军政体制发生了很大变化，但是皇帝周围仍保留上万名怯薛歹。《元史·兵志》云："若夫宿卫之士，则谓之怯薛歹，亦以三日分番入卫。其初名数甚简，后累增为万四千人。"担任怯薛的主要是蒙古人，也有少量的色目人、南人和汉人。成宗以后，禁止汉人、南人担任怯薛。怯薛歹出任朝官，不经过中书省选官程序，直接由怯薛长举荐给皇帝。出任随朝官员后，仍要按照惯例入宫廷番值服役。由于怯薛歹能直接接触皇帝，因此社会地位极高。这部分人员不仅身份特殊，服饰也极为特殊。

应当说，《舆服志》在《元史》诸志中是编得较差的一部专志，但它却不惜篇幅记述怯薛的服饰，这对我们了解这一特殊群体的服饰很有帮助。兹将《舆服志》中有关怯薛服饰的内容归纳于下：

一、头上戴的。怯薛头戴的有交角幞头、凤翅幞头、学士帽、唐巾、控鹤幞头、花角幞头、锦帽、平巾帻、武弁、甲骑冠、抹额、绝巾、兜鍪。而且，《舆服志》对每一件用品都有简洁的描述。

交角幞头，"其制，巾后交折其角"，即头巾经过折叠，将两个角系于脑后。这种戴头巾的方式，类似今天山西老农头戴毛巾的方式，而陕西农民是在额前交角打结。

凤翅幞头，"制如唐巾，两角上曲而作云头，两旁覆以两

蒙古军的战具

铁炮

通棒

矢

短弓

弓

手榴弹

蒙古军士的兜、铠和武器

觐见窝阔台合罕图

山西洪洞水神庙壁画《卖鱼图》中头戴幞头、身着圆领袍的人物形象

山西洪洞水神庙壁画中头戴朝天幞头、穿圆领袍、肩部有云肩装饰、腰间有捍腰的男子

金凤翅"。这种头巾类似唐巾，不同的是头部两侧各伸出两个突翅。

学士帽，"制如唐巾，两角如匙头下垂"。这种类似唐巾的头巾，两角下垂像两个汤匙。

唐巾，"制如幞头，而撅其角，两角上曲作云头"，在前面"社会各阶层的服饰"节中已做过介绍。

控鹤幞头，"制如交角，金缕其额"，即形制与交角幞头类似，不同的是额头部位编织有金线。

花角幞头，"制如控鹤幞头，两角及额上，簇象生杂花"。这种幞头与控鹤幞头相似，在额头正面和两角上都织有小碎花图案。

锦帽，"制以漆纱，后幅两旁，前拱而高，中下，后画连钱锦，前额作聚文"。这种帽子是黑纱制成的，上面织上整根的金锦，形制是前高中凹，帽前有金锦盘结纹饰，帽后有两片护头锦。

平巾帻，"黑漆革为之，形如进贤冠之笼巾，或以青，或以白"。这是一种皮制包头巾，分黑、青、白三种颜色。

武弁，"制以皮，加漆"。这是武将戴的一种皮帽，外用漆上色。

甲骑冠，"制以皮，加黑漆，雌黄为缘"。这是一种皮制的冠帽，帽身为黑色，帽檐为柠檬黄色。

抹额，"制以绯罗，绣宝花"。抹额又称抹头，是系在头上的一种头巾，为传统的汉族服饰。而元朝的抹额，用绯红的罗制作，上面刺绣有宝相花图案。宝相花图案盛行于隋唐，是以莲花为本，经艺术创作，成为代表圣洁、吉祥的图案。宝相花是元代服饰中最为常见的图案之一。

山西右玉宝宁寺水陆画中着交领儒服、儒巾和宋式盘领袍、元式唐巾的男性人物形象

山西洪洞水神庙壁画中头戴朝天幞头、穿圆领袍、外裹抱腹、腰间有捍腰的掌扇男子

绯巾，"制以绯，五色，画宝相花"。这是用较粗的绢做成的头巾，有五种颜色，并有宝相花图案。

兜鍪，"制以皮，金涂五色，各随其甲"。这是与皮甲配套的皮制头盔，颜色分为五种，即穿什么颜色皮甲，则戴什么颜色的兜鍪。

二、身上穿的。元代怯薛所穿衣服的种类有衬甲、云肩、裲裆、衬袍、士卒袍、窄袖袍、辫线袄、控鹤袄、窄袖袄、乐工袄、甲、臂鞲、锦滕蛇、束带、绦环、汗胯、行滕等。《舆服志》中同样对这些用品有所介绍，据此加以一些诠释。

衬甲，"制如云肩，青锦质，缘以白锦，衷以毡，里以白绢"。这是一种披在身上的短披风，形制和效用类似云肩，共有三层：外层质地是青锦，白锦镶边；衬里是白绢；中间层是毛毡。

云肩，"制如四垂云，青缘，黄罗五色，嵌金为之"。这是一种披在肩上的方形圆角丝织品，质地为五色黄罗，青色罗包边，上面金丝镶嵌。

裲裆，也称为两当，"制如衫"。这是一种传统服装，《释名·释衣服》中云："裲裆，其一当胸，其一当背。"即由前后两片织物组成，护前胸和后背，因此称裲裆。《舆服志》说法似有误，裲裆与衫不是一回事。衫有领有袖，而裲裆无领无袖，两侧仅用带子连系，类似摔跤时穿的褡裢。

衬袍，"制用绯锦，武士所以褯裲裆"。这是一种用红锦做成的长袍形衣服，担任仪仗的武士穿上它后，通常外穿裲裆。

士卒袍，"制以绢绯，绘宝相花"。此即蒙古袍服，是用一种粗绢制成的，上面有宝相花图案。

伊利汗国细密画中的元代甲士

日本《蒙古袭来绘词》中的元军造型

窄袖袍，"制以罗或绸"。窄袖袍也是蒙古人的传统服装，与士卒袍所不同的是，袖子较窄，材质除粗绢之外还有罗。

辫线袄，"制如窄袖衫，腰作辫线细褶"。这是一种上衣，衣料材质没有专门要求，形制上是腰部用分股交织的丝线缝作细褶。这是蒙古人常穿的一种服饰。

控鹤袄，"制以青、绯二色锦，圆答宝相花"。这是一种袄式上衣，用青色锦和绯色锦制成，袄上有圆形的宝相花图案。

窄袖袄，"长行舆士所服，绀绸色"。这是一种袄式上衣，为元代皇帝巡幸时随行辇舆护卫穿的服装，颜色黑里带红。

乐工袄，"制以绯锦，明珠琵琶窄袖，辫线细褶"。这是宫廷乐工穿的一种上衣，为用绯色锦制作、窄袖收腰的服装。

甲，"覆膊、掩心、捍背、捍股，制以皮，或为虎文、狮子文，或施金铠锁子文"。这是一种皮制的铠甲，主要防护臂、胸、背、大腿，或绘老虎、狮子纹饰，或绘制锁子甲纹饰。

臂韝，"制以锦，绿绢为里，有双带"。这是套在胳膊上的一种衣物，类似后世的套袖。元代臂韝为双层，外用织锦，里子用绿绢，钉两根带子，便于固定。

锦螣蛇，"束麻长一丈一尺，裹以红锦"。这是长麻捆扎后，外面包裹上红锦，缠在腰身上的一种起梁带。

束带，"红鞓双獭尾，黄金涂铜胯，余同腰带而狭小"。这是一种比腰带略窄的系腰用带子。红皮革制成，两头像水獬的尾巴，中间有铜鎏金饰襻扣。

绦环，"制以铜，黄金涂之"。这是一种腰带的配环，材质是铜鎏金。

汗胯，"制以青锦，缘以银褐锦，或绣扑兽，间以云气"。此为下身用的一种类似裙装的衣物，用青锦制作，银褐色锦包边，上绣扑食猛兽及云气纹饰。

行縢，"以绢为之"。这是用绢做的绑腿，束于小腿之上。

三、脚上穿的。怯薛脚上穿的相比于衣帽来说较为简单，主要是鞋、鞜鞋、云头靴等。

鞋，"制以麻"，为用麻布制成的鞋子。

鞜鞋，"制以皮为履，而长其勒，缚于行縢之内"。这是一种高勒皮靴，穿上后靴筒上再缠上绑腿。

云头靴，"制以皮，帮嵌云朵，头作云象，鞜束于胫"。这是一种大头皮靴，靴头呈圆形，靴帮镶嵌云朵纹饰，靴筒束于小腿。

从上述怯薛的服饰来看，完全是蒙古族服饰与传统汉服的结合体。袍、袄、帽、靴为蒙古族服饰，而幞头、唐巾、裲裆、云肩、行縢等多为汉服。这不难看出，怯薛装束的主体部分依然是蒙古风格的，而其他部分则多用汉服形制。

马可·波罗对元朝的怯薛印象极为深刻，他在行纪中用整整两章篇幅专门记述这一特殊群体，分别在第二卷第八十五章《名曰怯薛丹之禁卫一万二千骑》、第八十八章《男爵一万二千人于大节庆日各受金袍十三袭事》，说明怯薛不仅地位很高，而且在服饰上也有特殊待遇。怯薛只是不允许穿带有龙凤图案的衣服，其他穿戴不受禁限。

元代用动物骨角制成的铠甲

元代金件牛皮带
（内蒙古自治区蒙元文化博物馆藏）

元代刺绣山水人物纹赭绸腰带

（山东邹城李俨墓出土，邹城市文物保护中心藏）

蒙古军皮甲

元赵雍《人马图》中戴笠帽、穿白袍的牵马人

最考究的廷宴服装——质孙服

元代有一种最具特色的名为质孙的服装。质孙又称作只孙，蒙古语意为颜色。《元史·舆服志》中说："质孙，汉言一色服也。"出席宴会的人员一律穿着特制同一颜色的质孙服。质孙服上下一体，与蒙古袍类似，只不过腰间褶皱和配饰等细部有所区别。而且，制作的精细程度在元代服装中无与伦比。普兰诺·加宾尼、马可·波罗等人都在行纪中大谈这种他们从未见过的服饰。

这种衣服制作极为考究，用高级的金锦等材质制作。这种金锦不同于普通丝织品，是一种加金箔片和捻金线（丝线为胎，外裹金箔）而织造的织锦。元代设有专门官署负责管

元代妆金纱（甘肃漳县汪世显家族墓出土，甘肃省博物馆藏）

理织锦的制作。从事质孙服制作的是专职工匠，其他人不允许私自制作。元代对制作质孙服的匠人管理很严格，规定："织造只孙人匠，除正额织造外，无得附余夹带织造，暗递发卖，如有违犯之人，严行治罪。"（《通制条格》卷二十七《杂令》）即不允许质孙工匠干私活，否则以重罪论处。窝阔台（元太宗）时，曾于诸王大会宣谕条令，其中有一律条规定："诸妇人制质孙燕服不如法者，及妒者，乘以骟牛徇部中，论罪，即聚财为更娶。"（《元史·太宗本纪》）蒙古妇女如果质孙服做得不符合形制，要受到示众及判离婚的惩罚。由此可见，蒙古人对这种服装极为重视。

繰丝图（据王祯《农书》插图绘制）

戴罟罟冠、笠帽，穿长袍的元人（榆林窟第四窟元人供养像）

　　元代质孙服与清代黄马褂有相似之处，只能由皇帝赏赐给大臣僚属，是身份地位的象征。如主帅伯颜统军灭南宋有功，世祖忽必烈"赐银鼠青鼠只孙二十袭"（《元史·伯颜传》）。因此，质孙服在当时被视为特别名贵的服装。每当宫廷举行大宴，皇帝、宗室贵戚、大臣、近侍以及乐工、卫士都要穿这种质孙服。虽然衣服精粗、形制上有等级的区别，但衣服的颜色上下一致。这也体现出质孙一名的由来。质孙服衣、帽、腰带配套，装饰有珠翠宝石。质孙服分冬装和夏装，两季服装选用的衣料不同。天子质孙服和百官质孙服也有区别。

天子质孙服，冬季穿的有十一种，夏季穿的有十五种。大致穿何种色泽、材质的衣服，要佩戴以相同材质、色泽的帽子，即"各随其服之色"。

冬季质孙服，穿纳石失（金锦）、怯绵里（剪绒），戴绣金锦缎暖帽（棉帽与皮帽）；穿大红、桃红、紫、蓝、绿宝里（有襕），则戴七宝重顶冠；身穿红、黄粉皮衣和白粉皮衣，戴红金答子和白金答子暖帽；穿银鼠皮衣，相应佩戴银鼠皮暖帽。

夏季质孙服的配置也同样考究。例如，穿答纳都纳石失（金锦上镶缀大珠）的衣服，戴宝顶金凤钹笠；穿速不都纳石失（金锦上镶缀小珠）的衣服，戴与之相配的珠饰卷云冠帽；穿白毛金丝宝里衣服，佩戴白藤宝贝帽子；穿青速夫（黑长毛呢）金丝襕子衣服，戴七宝黑纱带后檐帽；穿大红珠宝里红毛答纳（珍珠）的衣服，戴朱缘边钹笠；穿大红、绿、蓝、银褐、枣褐五色金绣龙罗衣，戴金凤顶笠；穿金龙青罗衣，戴凤顶黑纱冠；穿七宝珠龙答子衣，戴黄牙忽（宝石）和珠子并带后檐的帽子。

百官质孙服，冬服有九等，夏服有十四等，服色不同，以锦缎、珠翠制成。兹将冬、夏两种质孙服介绍于下。

冬服九等是：一等大红金锦，二等大红剪绒，三等大红官素，四等桃红官素，五等蓝色官素，六等绿色官素，七等紫色官素，八等黄色官素，九等鸦青官素。

夏服十四等是：一等素纳石失服，二等聚线宝里纳石失服，三等枣褐浑金间丝蛤珠服，四等大红罗官素带宝里服，五等大红明珠答子服，六等桃红罗服，七等蓝罗服，八等绿罗服，九等银褐罗服，十等高丽鸦青云袖罗服，十一等驼褐罗服，十二

伊利汗国时期的纳石失辫线袍

内蒙古自治区达茂旗大苏吉乡明水村元墓所出纳石失腰线袍

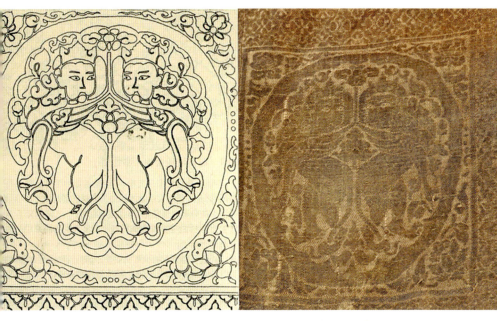

纳石失腰线袍上的对狮身人面图案

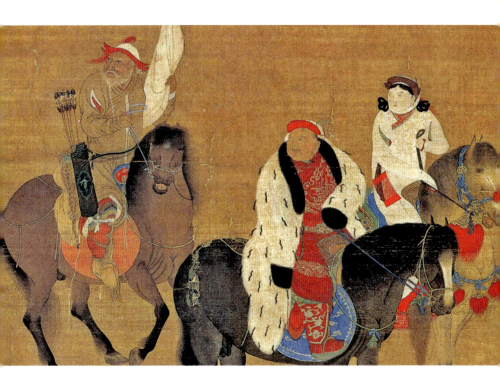

《元世祖出猎图》（元刘贯道，台北故宫博物院藏）
元世祖身着大红织金缠身云龙纹腰线袍，外罩银鼠皮质孙服。

等茜红罗服，十三等白毛子服，十四等鸦青官素带宝里服。

以上百官质孙服，从材质上看，有绫、罗、绸、缎、剪绒多种材质。从颜色上看，有桃红、蓝、绿、银褐、驼褐、白、枣褐、紫、黄、鸦青、大红、茜红等，涵盖了很多种颜色。配饰有珍珠、翡翠等。由此可见，质孙服的考究是其他服饰无法相比的。

每当朝廷举行盛大国宴，皇帝和百官穿着考究的质孙服聚会时，场面十分壮观。蒙元时期来华的外国人在游记中

萨班携八思巴前往凉州觐见图（明代系列唐卡《八思巴画传》中一幅，西藏萨迦寺藏）

几乎都谈到质孙服，普兰诺·加宾尼说："第一天，他们都穿白天鹅绒的衣服；第二天——那一天贵由来到帐幕——穿红天鹅绒的衣服；第三天，他们都穿蓝天鹅绒的衣服；第四天，穿最好的织锦衣服。"（《出使蒙古记》第60页）马可·波罗说："大汗于其庆寿之日，衣其最美之金锦衣。同日至少有男爵（怯薛）骑尉一万二千人，衣同色之衣，与大汗同。所同者盖为颜色，非言其所衣之金锦与大汗衣价相等也。各人并系一金带，此种衣服皆出汗赐，上缀珍珠宝石甚多，价值

金别桑确有万数。此衣不止一袭，盖大汗以上述之衣颁给其一万二千男爵骑尉，每年有十三次也。每次大汗与彼等服同色之衣，每次各易其色，足见其事之盛，世界之君主殆无有能及之者也。"（《马可波罗行纪》第334页）元人也写下不少描写质孙宴盛况的诗篇，如张昱的《辇下曲》云："只孙官样青红锦，裹肚圆文宝相珠。羽仗执金班控鹤，千人鱼贯振嵩呼。"（《可闲老人集》卷二）

质孙服只有在朝廷大宴时才能穿着，平时不允许私自穿着。"禁卫士不得私衣侍宴服，及以质于人。"（《元史·仁宗本纪一》）然而，也有特殊的时候，可在非大宴场合穿质孙服，如迎接帝师之时。元朝皇帝崇信藏传佛教，封吐蕃高僧为帝师，每逢帝师还京，"诏省、台、院官以及百司庶府，并服银鼠质孙"（《元史·释老列传》），前往迎候。

元代以后，随着政权的交替，质孙服从人们的视野中彻底消失。

几种流行的特色服装

元朝国土辽阔，民族众多，服装不可能整齐划一，前后也并非一成不变。因此，选择几种有特色的服饰做些介绍，来了解元代服装的大致状况。

海青衣　元代一种很有特色的服装。郑思肖《心史》云："以出袖海青衣为至礼。"海青即海东青，为一种猛禽名。用这种飞禽作衣服的名称，"取其鸟飞迅速之义"。这种衣服很特殊，共有四个衣袖，两袖用于穿着，另外两袖反结于背后。

比肩　元代一种常见的服装，俗名襻子答忽，又作搭护、褡护。这是一种有里有面、下摆很长的皮衣。元朝皇帝也常穿此服。高丽汉语教科书《朴通事》记有"鸦青绣四花织金罗褡护",以及"柳黄饰金绣四花罗褡护",讲的就是元朝的这种服装。元杂剧中也常见对这种衣服的描述,如关汉卿《赵盼儿风月救风尘》中有念白:"我褡护上掉了一根带儿,着他缀一缀。"据《析津志》载:"青鼠,其尾有青惨色,光润莹软。腹下有白毛寸许,制衣青为衣,而白者缝掇为褡护。"蒙古习俗中喜欢用各种鼠皮制作皮衣,而青鼠不如银鼠名贵。做比肩是用青鼠腹部的白色毛皮。

上盖 一种带颜色的男式外衣,原为汉族传统的一种罩衣。宋人周密《武林旧事》卷七云:"太上遣内侍请官家免花帽儿、束带,并卸上盖衣。"元代上盖受蒙古族服饰的影响,无论色彩还是式样都有变化。元杂剧中,常见有对上盖这种服饰的描述。如《神奴儿》中,主人公神奴儿说:"一般学生每(们)都笑话我无花花袄子穿哩。"他父亲答道:"拣个有颜色的段子,与孩儿做领上盖穿。"又如,《陈州粜米》中,有念白:"好老儿,你跟我家去,我打扮你起来,与你做一领硬挣挣的上盖,再与你做一顶新帽儿,一条茶褐涤儿,一对干净凉皮靴儿,一张凳儿。你坐着在门首,与我家照管门户,好不自在哩。"可见在元代,上盖是男士较为体面的服装。陶宗仪说:"俗谓男子布衫曰布袍,则凡上盖之服或可概曰袍。"(《南村辍耕录》卷十一《贤孝》)上盖不仅有袄式,还包括袍式服装,与宋代罩衣上盖有所不同。

连袜套裤 元代的一种独特服装,这种裤子连脚、开裆、背后系带。现在北方有的地区仍可以看到有些老人穿一种挖去臀部部位的裤子,与元代这种连袜套裤极为相似。

山西洪洞水神庙壁画中上襦下裙、裙前蔽膝飘带、袖子有荷花瓣形装饰的女性

褡褙　元代民间流行的一种服装，又称搭背、搭膊等，特点是无袖、衣短。褡褙材质不仅有布和丝织品，还有皮毛。此穿着在元杂剧中多见。如《赵礼让肥》中有台词："我则见他番穿着锦纳甲，斜披着一片破褡褙。"《燕青博鱼》中有"则我这白毡帽半抢风，则我这破搭膊落可的权避雨"的唱词，可知当时下层人士常穿此服。

汗衫　夏天穿的一种单衣，也称汗替、汗塌。元杂剧中常见这种服装。如《董解元西厢记》中有"一领汗衫与裹肚，非足取，取是俺咱自做"词句。王实甫的《西厢记》中有"书却写了，无可表意，只有汗衫一领，裹肚一条，袜儿一双，瑶琴一张，玉簪一枚，斑管一枝"的念白，说明当时穿汗衫很平常。

元代的对襟背心

绣花夹衫 元代一种有面和衬里的绣花宽袖上衣。1976年元集宁路故城（今属内蒙古自治区集宁）出土过一件绣花夹衫，袖长43厘米，表层是棕色四经相绞的罗素，衬里是米黄色绢，中间有夹层，前襟上部用纱地挖花织物贴边。夹衫上带有椭圆形金花。整件衣服刺绣花纹图案多达99种，包括人物、花卉、动物等。这件衣物现藏于内蒙古博物院，成为研究元代服饰珍贵的实物资料。

裹肚 有内穿、外穿两种。一种是贴身穿的内衣，即后来被称作肚兜的服饰。这种裹肚一般为妇女所穿，元杂剧中常见这种服饰。如关汉卿《闺怨佳人拜月亭》剧中女角说："都绷在我那睡裹肚薄绵套里，我紧紧的着身系。"另一种是外穿的。据《元典章·工部》载："祗候不系只孙裹肚。"这种系在衣服外面的裹肚，多为男子所用。

团衫 亦称大衣，元代女子穿的一种礼服，主要流行于北方。作为一种外衣，其形制为宽松袍式。这种服装在材质上较为讲究，常用金锦、丝绒、毛料等制作。元杂剧中常见这种服装。如关汉卿杂剧《闺怨佳人拜月亭》中有台词："今日乐籍里除了名字，与他包髻、团衫、绣手巾。"

半臂 一种套在衣服外的半袖装。元代妇女喜欢在衣服外再套一件半袖短衫。元人张翥曾写有一首赠元曲艺人朱绣莲的诗，云："半臂京绡稳称身，玉为颜面水为神。一痕头导分云绾，两点眉山入翠颦。"朱绣莲穿的这种半袖装，在元代壁画中也常常出现。如，西安韩森寨元代壁画墓甬道西侧壁画中，就有两位女子在襦衫外再罩一件半袖（参见《西安韩森寨元代壁画墓》，文物出版社2004年版）。半臂装是传统的汉服，在元代仍继续流行。

元代的刺绣夹衫
（内蒙古自治区察哈尔右翼前旗出土，内蒙古博物院藏）

元代的绣花夹衫
（内蒙古自治区元集宁路故城出土，内蒙古博物院藏）

元代的妆花凤戏牡丹纹绫夹衫
（甘肃漳县汪世显家族墓出土，甘肃省博物馆藏）

元代的妆花凤戏牡丹纹绫夹衫局部
（甘肃漳县汪世显家族墓出土，甘肃省博物馆藏）

大花罗衣　元代江南地区还有一种深色大花罗衣。这种衣服身袖都十分宽大，是一种宋代遗存的形制。1985年8月发掘的湖南沅陵元代夫妇合葬墓中，就发现过这种式样的衣服。这反映出，元代并未能完全禁绝汉族传统的汉服。

山西洪洞水神庙壁画中身着团衫、披半臂的女性人物形象

蒙古族男女服饰（榆林窟第六窟元人供养像）

舞蹈服　元代一种特殊的舞蹈服装，主要在宫廷流行。元代史籍中记载，当时宫廷常表演一种称作"十六天魔舞"的集体舞蹈。参加演出的舞女的装束是：头上垂下数根发辫，上戴象牙佛冠，身披缨络，着大红销金长短裙、金杂袄、云肩、合袖天衣，脚下穿绶带鞋袜。担任伴奏乐师的要穿窄衫，头戴唐帽。萨都剌《上京杂咏》诗云："凉殿参差翡翠光，朱衣华帽宴亲王。红帘高卷香风起，十六天魔舞袖长。"（《萨都剌全集》）用诗的形式描写了元代上都宫廷中的天魔舞及其长袖服装的特点。

高丽服　元代曾流行过的一种服装。这种服装，以方领、裸露、短袖为特点。元后期，帝王和大臣常娶高丽女子为后妃、妻妾，如元顺帝妥欢帖睦尔的皇后完者忽都、中书平章阔阔歹的侧室都是高丽人。先是高丽女子在宫中穿戴高丽服

《大行散乐忠都秀在此作场》壁画中的戏曲服装

饰，后来流传到社会上。张昱有一首《宫中词》："宫衣新尚高丽样，方领过腰半臂裁。连夜内家争借看，为曾著过御前来。"（《可闲老人集》卷二）描写的正是当时流行穿高丽服装的情景。

秋千服　元代荡秋千也有特殊的服饰。"起立彩索秋千架，自有戏蹴秋千之服。金绣衣襦，香囊结带"（《析津志辑佚·风俗》），指的就是这种秋千服。当然，一般老百姓是穿不起这种秋千服的。

草裙　元代南方苗族人穿的一种服装，又称草裤。这种服装的特点是"衣袖广狭修短与臂同，衣幅长不过膝；袴如袖，裙如衣"（《南村辍耕录》卷八《老苗》）。

军戎服装——甲胄

甲胄是元代军人的专用服装。元代甲胄的制作，已经达到很高水平。当时主要有皮甲和铠甲，具体又分为罗圈甲、柳叶甲、胸甲、锁子甲、蹄筋翎根铠等。从颜色上又区分为朱甲、朱画甲、青甲、青铁甲、青勒甲、白铁甲、金饰黄甲、金饰白甲等。

早期蒙古军士的甲胄，一般是用经火烤干的水牛皮和其他兽皮制成，皮质坚硬牢固。普兰诺·加宾尼也曾记载过见到的蒙古军士穿的皮甲和铠甲。他说："他们以牛皮或另一种动物的皮制成若干狭而长的块，其宽度为一手之宽，以三四块放在一起，以树脂涂之，然后他们用皮带或皮绳把这些皮块连结起来；上面的皮块，他们把皮绳拴在一个末端，下面的皮块，把皮绳拴在当中，就这样把皮块一一连结起来。因此，当这些皮块弯曲时，下面的皮块就折叠到上面的皮块外

伊利汗国细密画中着小甲片胄的军士

面，这样，在身体外面的皮甲就有了两倍或三倍的厚度。"
（《出使蒙古记》第32页）

　　元代的罗圈甲是用六重皮革制成的甲胄。胸甲是由四部
分铁甲组成，即前胸、后背、两肩、双腿各一片铠甲。柳叶
甲是用薄铁片制成形如柳叶的甲片，然后用皮带连结成一副
铠甲。普兰诺·加宾尼看到的蒙古士兵所穿的铠甲，可能就
是柳叶甲。他说："他们制成若干薄铁片，其宽度为一指，长
度为一掌，每一铁片上钻八个小洞。他们放置三根坚固而狭
窄的皮带作为基础，然后把这些铁片一一放在另一块铁片上
面，因此这些铁片就重叠起来，他们用细皮线穿过上述小洞，
把这些铁片捆在三根皮带上；在上端他们再系上一根皮线，

因此这些铁片就牢固地很好地连结在一起。就这样，他们用这些铁片制成一根铁片带，然后把这些铁片带连结在一起，按照上述方法，制成铁甲的各个部分。他们把这些部分连结起来，制成保护人身和马匹的铁甲。"（《出使蒙古记》第33页）锁子甲是承袭前代的一种铠甲，特点是五环相连，一环受箭，诸环拱护。

全身着铠甲的元代骑兵

元代的皮革甲

元代的铁罗圈甲

元代用若干列甲编缀而成的铠甲

元代最著名的甲胄是蹄筋翎根铠。这是窝阔台时甲匠孙威所创制的一种铠甲。据《元史·孙威传》记载：孙威"善为甲，尝以意制蹄筋翎根铠以献，太宗亲射之，不能彻，大悦"。当时，窝阔台亲自弯弓射此铠甲，箭不能穿透。后来，此甲成为元军将领作战穿用的主要甲胄。孙威因制甲有功，被授予顺天等路工匠都总管，佩以金符。孙威的儿子孙拱，

元代骑兵的装束

元代铠甲上的皮抱肚

　　"后袭顺天安平怀州河南等路甲匠都总管。巧思如其父，尝制甲二百八十袭以献。至元十一年，别制叠盾，其制，张则为盾，敛则合而易持。世祖以为古所未有，赐以币帛。丞相伯颜南征，以甲胄不足，诏诸路集匠民分制。拱董顺天、河间甲匠，先期毕工，且象虎豹异兽之形，各殊其制，皆称旨"（《元史·孙拱传》）。说明，元代造甲工艺流程已可以将甲胄分解，由不同地区制造，而后组装到一起。盾牌已经可以张开与合拢，易于携带。甲胄还可以制成"象虎豹异兽之形"，可见造甲工艺水平很高。

元代护面铁甲面罩

蒙古鱼鳞甲

完整地保留了宋朝铠甲
样式的元代武将石像

与铠甲配套的是兜鍪，即头盔。元代头盔有皮质、铁质以及皮和铁结合制作的。元代仪卫，一般戴皮制五色涂金兜鍪。普兰诺·加宾尼见过蒙古士兵所戴的头盔，他说："盔的上部是用铁或钢制成，但保护颈部和咽喉的部分是用皮革制成。"（《出使蒙古记》第33页）

元代设有专门制造军器甲胄的机构。如镇江路有杂造局，"军器岁额水牛皮甲七十六"，其中包括"黑漆、红漆、绿油、黄油各一十九副，紫真皮盔、甲袋全"（《至顺镇江志》卷六《造作》）。庆元杂造局每年造甲额度是"人甲一百五副"（《至正四

元代佛画中身着细密柳叶甲片铠甲的武将

明续志》卷六《赋役》）。至元十年（1273）闰六月，世祖下令"诸道造甲一万、弓五千，给淮西行枢密院"(《元史·世祖本纪五》)，说明当时的造甲能力很强。

元代全国大一统之后，铠甲的需求量有所减少，用于仪仗性的铠甲增多。这种铠甲，更多的是追求外观的华丽。当时流行五色甲，一般用于上尊号、受册、祭告天地等仪式上的仪仗队穿戴。如武宗至大三年（1310）十月，"上皇太后尊号，行册宝礼，用内外仪仗军数，及防护五色甲马军二百人"。文宗天历元年（1328）十一月，"亲祭太庙，内外用仪仗并五色甲马军一千六百五十名"(《元史·兵志二》)。

鞋和帽

穿鞋戴帽，亦作穿靴戴帽，现代汉语解释词义说，比喻写文章或讲话中套用一些空洞说教，因多在开头和结尾部分，故以此谓之。词语来源不详，但是原意一定与人们日常生活中的习俗有关。根据史籍记载，元代的鞋（包括靴）帽，无论种类还是样式都是首屈一指的。

先说帽子。元代"官民皆戴帽，其檐或圆，或前圆后方，或楼子"(《草木子》卷三《杂制篇》)。这是历代少有的现象。明朝朱元璋曾下令全国只戴方巾，不许戴帽。元末明初人叶子奇还曾说："帽子系腰，元服也。"(同上) 道出了元代服装的特点。元代帽子种类很多，以材质广泛、样式新奇为一大特色。

元代已经有专门经营帽子的集市。当时，在大都钟楼和鼓楼街西南就设有皮帽市、帽子市。帽子的样式也很多，帽

元代的笠帽

元笠帽（甘肃漳县汪世显家族墓出土，甘肃省博物馆藏）

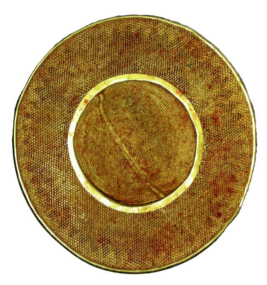

元代的金帽

檐有圆形，也有前圆后方形，还有前檐帽、后檐帽、短檐帽、深檐帽、方檐帽、双檐帽等多种。因所用的料子材质不同，又分为暖帽、毡帽、锦帽、钹笠、珠帽、八宝帽、七宝笠，以及仪卫所戴形制如唐巾两角下垂的学士帽、幞头等。有普通老百姓戴的藤帽、草帽，也有皇帝戴的白藤宝贝帽。

元代皮帽种类很多，用各种毛皮缝制。尤其是贵族妇女，更喜欢戴皮帽。叶子奇说：元朝后妃及大臣之正室，都戴罟罟冠和皮帽。皮帽中最名贵的是一种貂皮做的帽子，这是受传统蒙古习俗的影响。《元朝秘史》中对黑貂皮记述较多。成吉思汗称汗之前，为了结好克烈部首领王罕，即送上黑貂皮帽作见面礼。此外，九节狐、赤狐毛皮做的帽子也很名贵。元人张翥在元顺帝至正初任翰林国史编修官，曾作诗一首形容他的穿戴，诗云："青鼠毛衣可御寒，秃衿空褒放身宽。遮头更著狐皮帽，好个侬家老契丹。"（《蜕庵集》卷二）

张翥原籍晋宁（今山西临汾），此时也一身蒙古人装束。元代的皮帽，顶上一般都要装嵌帽花、顶珠，有金属和玉石之分，以"羊脂玉顶子"（《老乞大》）较为名贵。《朴通事》中记述的一顶元代帽子样式是"八瓣儿铺翠真言字妆金大帽上，指头来大紫鸦忽顶儿，旁边插孔雀翎毛儿"。这里所说的八瓣帽子，是一种常见的制帽样式。鸦忽，又称鸦鹘、亚姑，是元代对西域一种宝石的称谓。紫鸦忽为颜色发深红的一种名贵宝石，《南村辍耕录·回回石头》中有明确记载。下文在首饰一节中还会谈到。

帽子在蒙古国时期，样式没有任何限制，大汗和普通百姓所戴的帽子，差异主要在材质上。百姓受财力所限，买不起像貂皮这种贵重材质的帽子。入元之后，尤其是从元成宗起，对帽子样式开始有所限制。不仅是冕冠，凡皇帝戴的帽子样式，官民一律不许仿制。《元典章·工部》收录有元成宗大德元年（1297）和元武宗至大元年（1308）的两道圣旨，都是禁止仿制皇帝帽子样式的。元成宗圣旨中有"今后这皮帽样子休做与人者，与人呵，你死也。如今街下休做者，做的人，戴的人，交札撒里入去者"。意思是说，我戴的皮帽子，帽匠如果给别人再做同样的帽子，就是找死。如果民间有仿制的，交由司法机构处罚。武宗圣旨中有"今后我戴的皮帽样子，街下休交缝者。这缝皮帽的人分付与留守司官人每，好生街下号令了呵，要罪过者"。意思是让官府把戴他这种皮帽的人抓起来，并游街示众。从元朝戴帽子这件事，就可以知道什么叫"唯我独尊"。

上都是皮革的主要生产基地，当时有貂鼠软皮提领所、上都软皮局、上都异样毛子局、上都怯怜口毛子局等机构管

元代的金帽

元禅僧海云墓中出土的随葬品
贴罗绣僧帽（首都博物馆藏）

元世祖忽必烈戴官帽画像

元太宗窝阔台戴官帽画像

元成宗铁穆耳戴官帽画像

戴官帽的耶律楚材

理皮革制品。武宗至大元年（1308），上都有个"缝皮帽的"工匠，因皮帽"缝走了样被告到官衙"，为此，有关部门专门发布公告（《元典章·工部一》）。可见元代对于皮帽制作的认真程度之高。

《九流百家街市图》壁画中平民所戴的各种帽子

元以前，江南人一般戴头巾。元朝大一统后，江南人戴帽子也成了常态。婺州人吴师道与柳道传、黄晋卿三人在钱塘江边聚会饮酒，写了一首《客杭七日别柳道传黄晋卿出饮江头陈氏楼客杂甚二首》诗，其中就有"良友相逢还易别，老兵对饮且无嫌。西风放棹龙山去，何必疏狂脱帽檐"（《吴礼部文集》卷七）诗句。几个南人喝酒，一激动就把帽子脱下来了。

元代是纺织业发展时期，丝织材质的帽子开始增多。锦帽成为一种常见的帽子，不断在元代的服饰系列中出现。宫廷的仪仗队中，锦帽成为重要服饰，如纛矟队，其中多名次纛、执者、夹者、护者、次弩、次矟、擫矟、控马等皆戴锦帽。

大概由于鞋子是平常必穿之物，史籍对于元人脚下穿的鞋关注并不太多。其实，元代的鞋与帽子相比并不逊色。元代的鞋，从材质上划分有皮、毡、棉、布、麻布、草、木等。北方人多穿皮、毡、棉、布制作的鞋，南方人多穿布鞋、麻鞋、木履等。元代大都城里设有鞋市，出售鞋子和各种制鞋的材料。各地城镇也大多有售卖鞋子的店铺。

元代内地流行穿皮靴、毡靴，是受到蒙古人的影响。"他们用马臀部的皮做成非常美丽的鞋子。"（《出使蒙古记》第115页）皮靴分马、牛、羊、鹿皮靴，又有长、短筒之分。元代百官穿的是皂靴（黑皮靴），仪卫所穿的翰鞋、云头靴、花靴，都属于长筒皮靴。翰鞋的鞋筒绑在行縢（绑腿布）里面；云头靴的靴帮上镶嵌云朵，靴头也像一团云朵，靴靿高达胫部。元代皮靴有各种颜色，以黑、红、绿为常见的颜色，而且喜欢在皮靴上作装饰——"靴上绣以银线，颇为工巧"（《马可波罗行纪》第340页）。元时近邻高丽流行一本汉语教科

元代镶宝石钹笠帽
（甘肃漳县汪世显家族墓出土，甘肃省博物馆藏）

日本《蒙古袭来绘词》中元军的战靴

山西永济元永乐宫壁画中的布鞋

书《老乞大》，其中对元靴有细致的描述：春季穿皂麂皮靴，上头绣着倒提云；冬天穿嵌金线蓝条子白麂皮靴、毡袜子、绒毛袜子；"一对靴上都有红绒雁爪，那靴底都是两层净底，上的线蜡打了，锥儿细线粗，上的分外的牢壮好看"。

元代还有一种称作"兀剌靴"的皮靴。"兀剌"一词，为蒙古语铺马之意。这大概是马靴称谓的来源。当时在内地，这种兀剌皮靴很受汉族民众欢迎。元杂剧中常有描写剧中人穿兀剌靴的。如无名氏杂剧《渔樵记》中有一段念白："直等的蛇叫三声狗拽车，蚊子穿着兀剌靴。"《杨六郎调兵破天阵》剧中有念白："发垂双练狗皮袍，脚穿兀剌忒清标。"《宋大将岳飞精忠》剧中有念白："赢了的赏，输了的罚，一人一双歪兀剌。"杨立斋《耍孩儿》中有"新靴子投至能够完备，旧兀剌先磨了半截底"。可见，兀剌靴已成为内地常见之物。毡靴也是元代北方人常穿的一种靴子，多为羊毛擀压而成。郑思肖的《绝句十首》（其八）中就有"骏笠毡靴搭护衣，金牌骏马走如飞"句，描述的是一位元朝将军骑马时脚穿毡靴的身姿（《心史》）。此外，靴子还有钉靴、旱靴、蜡靴、朝靴、球头直尖靴等。

元代布鞋、棉鞋、麻鞋等种类更多。大都城里市民多做茶褐（黄黑）色木棉鞋，郊外西山人多穿麻鞋。王祯对麻鞋很欣赏，曾作诗云："织麻成屦足相容，嗜好殊非蜡屐同。未拟平生著几纳，且凭践履有深功。"（《农书》）从近年国内发现的几种元人鞋的实物来看，主要有四种。一种是青布女鞋。其形状基本上为锥形，脚趾与脚面部位之间系一条带子，鞋尖上方裸露。一种是麻布女鞋。它比前一种鞋尖要略宽微翘，尖部为实心，整双鞋由一个小长方形鞋尖和一个椭圆形鞋帮

《霜浦归渔图》中穿草鞋的渔民（元唐棣，台北故宫博物院藏）

组成。另外两种是男鞋，其中一种船形样式，头部为圆形，脚面梁部凸起带尖，跟部上方隆起，形成两头高中间低的形状；另一种鞋头很尖，整个鞋从侧面看像梯形。元代还有男子喜欢穿红鞋的现象，皇太子就常穿一种加金银装饰的红鞋。男子穿红鞋是在前代几乎未有的现象。

元代南方还有几种用草编织的鞋子。一种草鞋称为屝，王祯说："屝，草屦也"；"今农人春夏则屝，秋冬则屦，从省便也"（《农书》）。元画家唐棣画有一幅《霜浦归渔图》，内容是描绘江浙一带渔民打鱼归来的情景，画面上的两男一女都穿着草鞋。浙西人还喜欢穿一种叫靸鞋的无后跟草鞋，甚至个别地区还有赤脚的习俗。由于气候和环境的原因，北方很少有赤脚和穿草鞋的现象。

元代妇女喜欢穿绣花鞋，并有一种称为弓鞋的特制绣花鞋。妇女穿的这种弓鞋，俗称三寸金莲。弓鞋材质有棉布、绸缎等，鞋面多绣花鸟图案。这是专为缠足妇女所定制的鞋子。从五代开始，出现妇女缠足的现象，但人数很少。元代江南妇女缠足现象开始增多，甚至"人人相效，以不为者为耻也"（《南村辍耕录》卷十《缠足》）。元杂剧中多有描写女子穿弓鞋的情景。《西厢记》剧情中有："下香阶，懒步苍苔，动人弓鞋凤头窄。"《张生煮海》中有："袖儿笼指十葱，裙儿簌鞋半弓。"《醉中天·咏鞋》中云："料想人如画，三寸玉无瑕。底样儿分明印在沙，半折些娘大。着眼柳条儿比下，实实不耍，阴干时刻两个桃牙。"《快活年》中有："小小鞋儿四季花，头缠得尖尖瘦。"《喜春来》中有："湘裙半露金莲剪，翠袖轻舒玉笋纤。"等等。这种小脚绣花鞋对后世影响很大，也成为妇女的一种枷锁。

元代素绸鲁绣女鞋（山东邹城李俨墓出土）

　　元朝有律条规定：庶人帽笠不得饰以金玉，靴子不得裁剪花样。但是，并未见因违反规定受到制裁的实例。

腰带

　　腰带是与服装相配套的用品。元朝专门设有御带库机构，秩从五品，"掌系腰偏束等带并缘环诸物，供奉御用，以备赐予"（《元史·百官志六》），负责御用腰带的制作。元代的腰带，见于史籍中的种类众多，达数十种。据《元史·舆服志》统计，名称有大带、黄罗大带、革带、金龙凤革带、涂金束带、涂金荔枝带、镀金铜荔枝带、角带、乌角带、乌犀角带、乌角偏带、乌犀带、花犀带、黄绫带、蓝素纻丝带、银带、黄韃带、蓝韃带、蓝结带、黄带、青带、

元青玉带钩腰带（甘肃漳县汪世显家族墓出土，甘肃省博物馆藏）

元鎏金铜带饰

元荷花圭形银带头
（内蒙古自治区敖汉旗太吉合窖藏出土）

元龙纹银带扣
（内蒙古自治区敖汉旗太吉合窖藏出土）

元迦陵频伽纹银带扣
（内蒙古自治区敖汉旗新窝铺乡盛家窝铺窖藏出土）

元狮纹银带扣
（内蒙古自治区敖汉旗四家子镇窖藏出土）

朱带、长带、金带、小银束带、铜带、铜束带、瓔玉束带、青勒甲绦、勒帛、黄勒帛、红勒帛、紫勒帛、青勒帛等。另外，还有民间常用的各种材质的绦儿。

元代腰带尽管名目繁多，但从材质上归纳起来不外乎五类：第一类金属腰带，第二类骨角腰带，第三类玉石腰带，第四类皮革腰带，第五类丝绸腰带。

金属腰带有金、银、铜、铁之分。金腰带具体又分为金、涂金、镀金、荔枝带、束带等；银腰带又分为银带、小银束带等；铜腰带又分为铜带、铜束带等。鄂多立克说：元朝诸王大臣参加朝会时，"均头戴冠，各自手执一白象牙牌，腰束宽半拃的金带"（何高济译《鄂多立克东游录》第79页，中华书局1981年版）。马可·波罗说：忽必烈"每年并以金带与袍服共赐此一万二千男爵，金带甚丽，价值亦巨"（《马可波罗行纪》第340页）。两人都说到了金腰带。据元降曲坚赞《朗氏宗谱》记载：元朝皇帝赏赐吐蕃使者"大量物品和金质腰带"。铁质腰带，《元史·舆服志》未见记载，但鲁不鲁乞说："在袍子外面，披着一件用硬毛作絮的黑色斗篷，在袍子里面，他（指蒙哥）束着一根铁腰带。"（《出使蒙古记》第169页）孔齐的《至正直记·减铁为佩》中说："近世尚减铁，为佩带、刀靶之饰，而余干及钱唐、松江竞市之，非美玩也。此乃女真遗制，惟刀靶及鞍辔或施之可也。若置之佩带，既重且易生锈。"可见，元代有铁质腰带。元代皮革类腰带较多，而这类金属腰带相对较少，多为品级高的官员所佩系。民间流行铁质腰带，显然是物以稀为贵。

骨角腰带是用动物角骨等材质制作的腰带，名称有角带、乌角带、乌犀角带、乌角扁带、乌犀带、花犀带等。这类腰

元青玉带钩

（甘肃漳县汪世显家族墓出土，甘肃省博物馆藏）

元青白玉带（内蒙古自治区蒙元文化博物馆藏）

元铜质鎏金镶孔雀石腰带

带，一般为品级较低的官员和品秩略低的怯薛所佩系。

玉石腰带是玉石珠宝经过雕刻镶嵌制成的一种腰带。元杂剧中常有官员佩玉带情节。如关汉卿《山神庙裴度还带》，讲的就是裴度落魄时在山神庙捡到一条价值千贯的玉带的故事。白朴《墙头马上》杂剧中有唱词："他把乌靴挑宝镫，玉带束腰围。"郑德辉《绉梅香》杂剧中有念白："将官里所赐玉带一条，留与为信。"纪君祥《赵氏孤儿》中有"紫袍玉带，象简乌靴"的台词。这些都是元代现实生活的写照。内蒙古自治区蒙元文化博物馆收藏有一件元代青白玉带，这件玉带是用十六块青白玉制成的，每块玉上雕刻有不同的花卉图案，两头有方环，最前面的玉块上有带钩，玉块连接部分同样是玉质。这是一件研究元代玉带珍贵的实物资料。

皮革腰带是元代的主要腰带之一。元代畜牧业发达，皮革制品也随之增多，皮带成为服饰中的重要角色。当时皮带的名称有革带、黄鞓带、蓝鞓带等。而且金属腰带与角带、玉带的穿系材质也多为皮质。皇帝所用的金龙凤革带，大致是在皮带上用金丝线绣作龙凤图案。

丝绸腰带是元代最常用的一种腰带，有带、勒帛、绦儿等称谓。鲁不鲁乞说：蒙古妇女，"用一块天蓝色的绸料在腰部把她们的长袍束起来"（《出使蒙古记》第120页）。元代穿袍服较多，腰间系丝绸腰带很普遍。因此，元代的腰带在形制、色彩、质地等方面，与前代相比有较大的变化。从黄绫带、蓝素纻丝带、青勒甲绦、黄勒帛、红勒帛、紫勒帛、青勒帛、褐绦儿、紫绦儿、绒绦儿等称谓上也可以看到腰带在材质和色彩方面的变化。

《老乞大》一书中就有介绍元代腰带的内容，书中说：

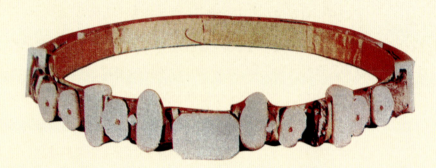

元玉带

元代腰束各式腰带的男女侍人立陶俑群
（陕西西安东北郊六村堡乡出土，西安博物院藏）

"系腰呵，也按四季。春里系金系腰；夏里系玉系腰，最低的是菜玉，最高的是羊脂玉；秋里系减铁，寻常的不是，有玲珑花样的；冬里系犀系腰，有综眼的，更毛犀不要。"说明四季所系的腰带不同。而且说高丽商人买了"茶褐栾带一百条阿，紫绦儿一百条"。绦儿也常出现在元杂剧中，如《随何赚风魔蒯通》中有念白："系这白象牙绦儿。"关汉卿《山神庙裴度还带》中有念白："王员外，一字巾，圆领，绦儿，三髭髯。"又如，书会才人《陈州粜米》中有念白："与你做一顶新帽儿，一条茶褐绦儿。"

服装的材质

元代的服装主要由棉布、麻布、驼毛布、皮毛以及各种丝织品制成。元代是纺织品行业的大发展时期，各种形式的纺织品，无论是技术还是材质上都超过了前代。

早期蒙古人较多地使用各种野兽和牲畜皮毛制作衣服，用棉、麻、丝织品制作衣服并不多见。元朝建立之后，对麻及丝织品的需求不断扩大，丝绸衣服在皇室贵族中很受欢迎。这种对丝绸等衣料逐渐增大的需求，促进了元代丝织业的发展。反过来，麻、棉、丝织业的发展，又带来服装材质上的飞跃。

自古中国就有种桑养蚕的传统。蒙古人"起朔方，其俗不待蚕而衣，不待耕而食，初无所事焉"（《元史·食货志一》）。进入农业地区后，元朝政府开始重视发展桑蚕业，并把丝料作为向民间征收的赋税。元代江南是养蚕织锦的发达地区，许多家庭都以养蚕织锦作为重要的生活来源。元人刘诜有一

《农书·木绵軖床》

（选自元王祯《农书》。清乾隆活字本，中国国家博物馆藏）

元代的对襟绸上衣
（江苏苏州张士诚母曹氏墓出土，苏州博物馆藏）

首《织锦歌》描绘这一现象，诗云："南州织锦天下奇，家家女儿上锦机……君不见郭门十里桑柘村，蚕妇朝朝踏风雨。"（《桂隐诗集》卷三）北方也有不少地方养蚕织锦。马可·波罗在京兆府（今西安）一带，看见"树木园林既美且众，田野桑树遍布"（《马可波罗行纪》第403页）。元代诗人萨都剌的"兰闺织锦秦川女，大姬哑哑弄机杼"（《织女图》）诗句，描写的就是秦川地区织锦的情景。

麻布也是元代服装最常用的材质。麻布制衣，古已有之。元代的麻布有两种，一种用大麻或火麻的皮加工制作，布的质地较粗糙；一种是用苎麻的皮加工制作，"其布柔韧洁白"（《农桑辑要》卷二《播种·苎麻》），价格高于大麻布。北方原多

元黄道婆墓

黄道婆纺车

产大麻，而苎麻较少见。元代苎麻开始在河南等地广泛种植，并采用苎麻皮加工织布。元代官修农书《农桑辑要》中说："近岁以来，苎麻艺于河南。"王祯的《农书》也记载说：苎麻的皮可以织布，"本南方之物，近河南亦多蓺之"。当时，不仅河南，包括河北、山西、陕西等地，也种植苎麻，用来织布。

棉布在元代也是衣服、被褥等生活用品的重要材料。棉花是从西域和南海等地传至我国内地的一个品种，当时被称为木棉。从元代开始，全国大部分地区普遍种植棉花。棉花的广泛种植，促进了元代棉纺业的发展。说到棉纺业，不能不提到黄道婆的贡献。黄道婆是元松江（今属上海）乌泥泾人，年轻时流落崖州（今属海南三亚），向当地黎族人学习运用制棉工具和棉布织造方法。成宗元贞年间（1295—1297），回到家乡松江，向乡人传授学来的棉纺技术，并制作擀、弹、纺、织等工具，以及推广错线、配色、综线、提花等技艺。此前江南虽然已经有棉花种植，但"初无踏车椎弓之制，率用手剖去子，线弦竹弧置按间，振掉成剂，厥功甚艰"（《南村辍耕录》卷二十四《黄道婆》）。用手取棉籽，效率很低，又无纺车，无法纺线织布。自黄道婆传授技艺之后，这种纺织技术迅速传播开来，不仅是松江地区，还带动了长江流域棉纺织业的发展。当时有人作诗颂扬她说："崖州布被五色缫，组雾纴云粲花草。片帆鲸海得风归，千柚乌泾夺天造。"（《梧溪集》卷三《黄道婆祠》）

元代是商贸发展的重要时期，江南的纺织品也随之被贩卖到边远地区。元代亦集乃路治所（今内蒙古自治区额济纳旗黑城遗址），有专门经营布匹绸缎的彩帛行，还有杂货店也经营布、绢等物品。

元代官办织染局几乎遍布全国，丝织品业也是民间重要

元代深衣式织锦袍

元代的汉族妇女服饰

的手工业。因此，元代丝织品花色、品种繁多，质地精美。当时丝织品有锦、绫、罗、纱、帛、绢等名称，而且每一种又具体细分为多种名目。如纱，又分为金纱、银丝纱、花纱、嵌花纱、密娥纱、三法纱、土纱、绒纱、夹渠纱、观音纱、挑纱、鱼水纱等。当时，集庆路（今南京）所产官纱很有名，"集庆官纱，诸处所无，虽杭人多慧，犹不能效之。但阔处三尺，大数以上杂色皆作。近又作一色素净者尤妙，暑月之雅服也"（《至正直记》卷一《集庆官纱》）。这种素纱，做夏天穿的衣服很受欢迎。成都府锦院所织锦缎很有名，能织成盘毬锦、簇四金雕锦、葵花锦、翠池狮子锦、天下乐锦、真红锦、大窠狮子锦、青绿云雁锦、百花锦、六答晕锦、八答晕锦等多种花色品种的锦缎。当时，建康、杭州、苏州、平江、庆元、泉州等地出产的丝织品，比起成都更胜一筹。马可·波罗说：

元代的质孙服

元代菱花织金锦抹胸

（甘肃漳县汪世显家族墓出土，甘肃省博物馆藏）

南京"有丝甚饶，以织极美金锦及种种绸绢"；苏州"产丝甚饶，以织金锦及其他织物"（《马可波罗行纪》第505、522页）。元人张昱曾写过一首《织锦词》，形象地记述了元人从织锦到裁衣的过程，诗云："行家织锦成染别，牡丹花红杏花白。作双紫燕对衔春，一匹锦成过半月。持来画堂卷复开，佳人细意为剪裁。银灯连夜照针黹，平明设宴章华台。为君著衣舞垂手，看得风光满杨柳。"（《可闲老人集》卷一）

金锦等丝织品在元代是蒙古贵族首选的制衣材料，不亚于黄金、珠宝的价值。因此，元朝皇帝常常把丝织品作为赏赐皇子、勋臣、帝师的物品。如至元十二年（1275），世祖"赐皇子安西王币帛八千匹、丝万斤"（《元史·世祖本纪五》）；至元十四年（1277），"赏拜答儿等千三百五十五人战功，金百两、银万五千一百两、钞百三十锭及纳石失、金素币

陕西蒲城洞耳村元墓壁画中不同人物所穿腰线袄上的彩色腰线

帛、貂鼠豹裘、衣帽有差"（《元史·世祖本纪六》）；至元十六年（1279），"赐范文虎僚属二十一人金纹绫及西锦衣"（《元史·世祖本纪七》）；至元二十二年（1285），世祖赐皇子脱欢等"衣段百匹"（《元史·世祖本纪十》）。这种赏赐丝织品的现象，历朝都很常见。成宗元贞年间，赐工部侍郎孙拱"银百两、织纹段五十匹、帛二十五匹、钞万贯"（《元史·孙拱传》）；大德九年（1305），一次赏赐帝师"币帛万匹"（《元史·释老列传》）；仁宗皇庆二年（1313），赐帝师"锦绮杂彩共一万七千匹"（同上）。可见，赏赐丝织品的数量是很大的。

元代的丝、棉等纺织品还大量远销海外。经过元市舶司出口的纺织品有：建阳锦（建宁锦）、五色绢、皂绫、丹山锦、苏杭五色缎、青缎、草金缎、红丝布、水绫、五色缣、红绢、绿绢、细绢、土绸绢、花色宣绢、油绢衣、花布、色印布、小花印布、五色布、青布、红布、海南布、土印布、塘头市布、红油布、黄草布、熏草布、棋子手巾等多种。

元代罗质夹袄
（甘肃漳县汪世显家族墓出土，甘肃省博物馆藏）

元代印金对襟夹衫
（内蒙古自治区元集宁路故城出土，内蒙古博物院藏）

织金锦辫线袍上的变体阿拉伯文

织金锦辫线袍腰线

元代织金锦辫线袍、暗花绫腰线袍

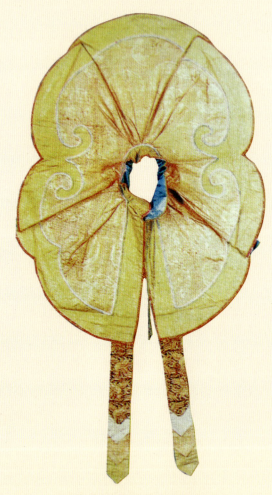

元代红地龙凤文纳石失金锦佛衣披肩

元代服装对金的运用超过以往任何时代（山西永济元永乐宫壁画）

　　元代与中亚联系紧密，有些中亚的丝织品也传到元朝，其中以纳石失和撒答剌欺最受元朝贵族喜爱。纳石失和撒答剌欺是两类丝织品的名称，纳石失原为波斯产的一种丝织物，撒答剌欺是产于不花剌（今乌兹别克斯坦布哈拉）的丝织品。元朝专门在工部下设撒答剌欺提举司，命官员"率人匠成造撒答剌欺"（《元史·百官志一》）。元朝工部还设有别失八里局，"掌织造御用领袖纳石失等段"（《元史·百官志五》）。元代在做质孙服时，纳石失和撒答剌欺是常用的材料。1970年，新疆乌鲁木齐盐湖一号古墓随葬品中出土了一件元代黄色油绢辫线袄，领、袖、肩部和衣襟等处均用织金锦饰边（王炳华《盐湖古墓》，《文物》1973年第19期）。这些金锦边饰是从不同的金锦上剪下的"片金锦"和"捻金锦"。片金锦花纹图案以开光为主，穿枝莲纹饰作充填。经线分单经与双经两组，纬线由片金、彩色棉线和丝线组成。采用丝线作地纬，片金、彩色棉线作纹纬显花。片金锦由单经与纹纬、双经与地纬呈平纹交织成锦。捻金锦的捻金线，是以丝线为胎，外加金箔制成的金缕丝线，然后再制成金锦。这件辫线袄是研究元代金锦的珍贵实物资料，现收藏于新疆维吾尔自治区博物馆。其他地区也有元代金锦织品的发现。

元代大一统局面促进了国内各民族之间的联系以及对外交流的发展。元代服装材质方面有较大的发展，正是基于各民族之间的交流不断加深。

服装花色图案

元代服装的花色之多，图案之丰富，是历代之最。花色的增多，是在传统印染和刺绣技术基础上，吸收了边疆民族和域外的色泽元素，从而增加了不少新的花色品种。元代服装图案也比前代丰富，尤其是一些名画家加入了服装图案的设计，带来不少新的风格。

由于缂丝技术和印染技术的发展，衣服的花色种类增多。据王祯《农书》记载，布料花色为红色九种、青绿色十种、褐色十二种。这只是反映元代前期的情况，到了元代后期，染织技术取得长足发展。陶宗仪曾归纳过元代布帛印染的种类，仅褐色一项就有二十种：砖褐、荆褐、艾褐、鹰背褐、银褐、珠子褐、藕丝褐、露褐、茶褐、麝香褐、檀褐、山谷褐、枯竹褐、湖水褐、葱白褐、棠梨褐、秋茶褐、鼠毛褐、葡萄褐、丁香褐（《南村辍耕录》卷十一《采绘法》）。元代除能染各种单色外，还能染杂色。如"松江能染青花布，宛如一轴院画，或芦雁花草尤妙"，而且"久浣亦不脱"（《至正

元代妇女的袍服

山西永济元永乐宫壁画中身穿不同花纹衣服的神灵

元代龟背纹地格里芬锦被
（内蒙古自治区集宁路故城出土）

直记》卷一《松江花布》）。当地还能染带有折枝、团凤、棋局等图案的棉布。1976年，元集宁路故城（今属内蒙古自治区集宁）出土了一件元代被面，提供了研究元代丝织品的实物资料。这件被面属于金锦，四周织有缠枝牡丹，中间为龟背填充小花纹饰，并绣有一对长翅羊形图案，工艺十分精湛。这件丝织品现藏于内蒙古博物院。

元代缂丝技术是在宋代缂丝技术的基础上发展起来的。缂丝，又作刻丝、克丝，是纺织和艺术结合的产品。织工凭借一台木织机和十几把小木梭，在纬线上分段设色，然后用缠有各种颜色丝线的小梭分别织造，能织造出精美图案。元人孔齐说："凡缂丝亦有数种，有成幅金枝花发者为上，有折枝杂花者次之，有数品颜色者，有止二色者，宛然如画。纟丝上有暗花，花亦无奇妙处，但繁华细密过之，终不及缂丝作也。"（《至正直记》卷一《宋缂》）质孙服有各种颜色，这也

元代缂丝《东方朔偷桃图轴》（北京故宫博物院藏）

元代妆花云雁衔苇纹纱夹袍

（甘肃漳县汪世显家族墓出土，甘肃省博物馆藏）

元代深驼色荷花鸳鸯暗花绫夹裙

山西永济元永乐宫壁画中不同花纹的男性衣服

说明元代的缂丝技术达到了很高水平。据《元氏掖庭记》载：元顺帝的淑妃龙瑞娇生财有道，常把皇帝赏给她的金帛绸缎向外销售赚钱。"帝尝赏赐金帛，比他妃有加，麒麟、鸾凤、白兔、灵芝、双角、五爪龙、万寿、福寿字、赪黄等段以巨万数。娇乃开市于左掖门内，发卖诸色锦段。如有买者，仍给一帖，令不相禁，宦官牛大辅掌之。由是京师官族富民及四方商贾争相来买，其价增倍，岁得银数万，时呼为绣市，又号丽色多春之市。"可见，当时能织绣各种动物和花卉、文字图案的纺织品。北京故宫博物院藏有一件元代缂丝《东方朔偷桃图轴》，画面缂织东方朔从仙界偷桃疾走之景，画面上方绲织累累仙桃，下方配灵芝、水仙和竹石，寓意"芝仙祝寿"。运用齐绲、木梳戗等绲织技法，以齐绲作色块平涂，在纹样边缘或二色相交处，使用构绲进行勾勒；长短戗进行调色过渡。寿山石用深蓝、蓝和浅蓝三晕色戗绲，突出山石的立体感。尤其以两种色丝捻合后使用"合色线"技法为特色。如东方朔的手指缝用黑白二色丝；灵芝的茎部用石青和米色二色丝，较好地表现出物象糙涩的质感。元代绲丝艺术的风

元杂剧演出壁画中戏曲人物服饰的花纹

元代日月纹辫线袍（复制品，中国丝绸博物馆藏）

格，一反南宋的细腻柔美而为简练豪放，从这件缂丝作品中即可窥其一斑。国内现存元代缂丝作品为数甚少，这件缂丝作品艺术水准上佳，弥足珍贵。

元代织造花色图案的水平，还表现在绣像的制作上。据《元代画塑记》说："古之象物肖形者，以五采章施五色，曰绘、曰绣而已。其后始有范金、埏土而加之采饰焉，近代又有织丝以为像者，至于今，其功益精矣。"这里所谓的近代，指的是元代。元成宗时，曾命将作院使唐仁祖督织工丝织忽必烈像，经过织工三年的努力，忽必烈的绣像方告完成。此后，成宗又授命织绣贞慈静懿皇后像、南木罕太子及妃、晋王及妃等像。仁宗时，又织绣仁宗和皇后像。英宗时，又织绣英宗像和太皇太后像。文宗时，命织皇姚皇后像。《元代画塑记》记载了绣像所用丝织品，有鸦青暗花纻丝、五色绒、大红销金梅花罗、大红绢银褐丝绢、白料丝绢、大红绒条、细白縻丝等多种。人物的刺绣难于花卉和动物，尤其是御容更难，面部表情、服饰着装要丝毫不差。绣像艺术集中反映了当时的丝织技术水平。

元代社会流行的丝织和棉纺品图案主要有以下三个来源。

一是直接取自大自然的，如牡丹、金莲、葵花、杏花、桃花、菊花等花卉，以及金雕、狮子、老虎、白兔、云雁、燕子等动物。元人马祖常的《宫词十首》中有"华清水殿绣芙蓉，金鸭香消宝帐重"（《石田先生文集》卷五）的诗句，描写的就是宫人织绣芙蓉图案。元诗人、画家柯九思所作宫词，也有这方面的描写："竹竹碧柳间红桃，太液波光绿满蒿。绣局新翻花样子，池塘小景入宫袍。"可见，自然景色成为衣服的图案。他的另一首宫词云："观莲太液泛兰桡，翡翠鸳鸯

元王振鹏《龙池竞渡图卷》

戏碧苔。说与小娃牢记取，御衫绣作满池娇。"柯氏自注云：
"天历间，御衣多为池塘小景，名曰满池娇。"（《草堂雅集》卷
一）满池娇，顾名思义即满池的娇美。"彩丝绣作满池娇"，
大自然景色成为元代服装图案的主要源泉。柯氏在元文宗时
期为奎章阁鉴书博士，同时又是元代著名画家。因此，他创
作的不少写实作品，成为宫廷服装的画样。元代还有一些宫
廷画家，如王振鹏，其《竞渡图》则是"五色彰施成画片，
刺绣刻丝吾屡见"（《豹翁家藏集》卷二十五《观乌丝竞渡图》）。
画作本身是绘画与丝织结合的艺术品。另外，"善写山水"的
张彦辅和擅长画人物、鞍马的何澄等，都是出入宫掖为皇家
服务的画家。

　　二是中国传统文化符号，如龙、麒麟、凤凰、福禄寿等。
早年蒙古人的服饰多为单色服，进入中原之后，受汉文化的
影响，接纳了象征天地主宰的龙凤图腾，皇帝被称为真龙天
子。于是，龙的图案也随之成为皇帝的专属。号称百鸟之王
的凤凰图案，也成为非皇后莫属的装饰。代表吉祥的麒麟等
图案，亦多为诸王皇子所垄断，所谓"白发上阳宫女老，补

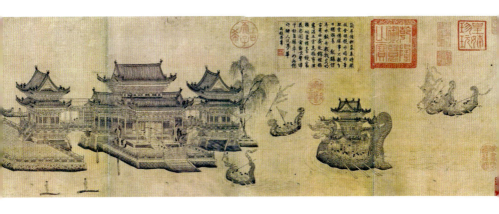

衣重拆绣麒麟"（《石田先生文集》卷五），虽然已是白发苍苍的老宫女了，还得拆补织绣带有麒麟图案的衣服。现藏于辽宁省博物馆的一幅元代丝织仪凤图，图案中是用金色花线和孔雀羽毛织成凤凰，周围织绣各种鸟类，寓意百鸟朝凤。这大概是元朝宫廷遗物，因为民间不许用凤凰图案。

三是来自藏传佛教的影响，西番莲、宝相花、八宝、莲瓣纹、化生图等作为服饰图案很普遍。元朝帝后均信奉藏传佛教，身边供奉着从西藏请来的帝师、国师。因此，服饰中

元代丝织仪凤图（辽宁省博物馆藏）

的图案有不少与佛教内容相关。大德九年（1305）八月，宣政院上奏说："街下织段子的匠人每，织着佛像并西天字段子货卖有。那般织着佛像并西天字的段子，卖与人穿着行呵，不宜的一般有。"奏毕，奉圣旨："怎生那般织着卖有？说与省官人每，今后休教织造佛像西天字样的段子货卖者。"（《通制条格》卷二十八《杂令》）这是一件元成宗批复的公文，反映了当时社会上流行织有带佛像和西天字样的服饰。此事引起朝廷重视，下令禁止，但其他和佛教有关的图案并未禁止。目前，上海博物馆收藏有一幅元代刺绣妙法莲华经卷，是

山西永济元永乐宫壁画衣服花纹特写

我国存世的篇幅最长、字数最多的刺绣经卷。此卷通体染磁青色，卷首前部彩线绣灵山会诸佛像等，两旁各绣一条蛟龙，内绣有元仁宗写的一首《赞莲经》诗。后部绣约四百字序文及近万字正文，卷末织有作者名款。全幅用捻线平绣，一丝不苟。这幅织作成为研究元代佛教丝织品的珍贵实物资料。

首饰

中国的首饰由来已久，早在远古时代人们就有戴首饰的习俗。元代是首饰

河北石家庄毗卢寺壁画中的元代服饰风俗画中男性配饰

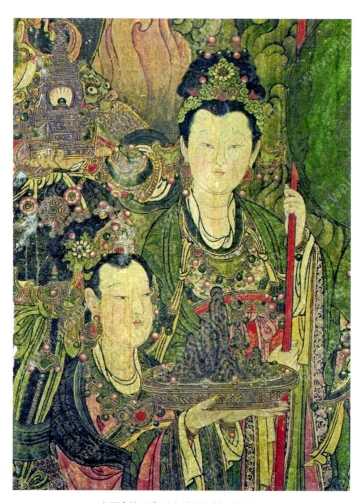

山西永济元永乐宫壁画女性配饰特写

发展的重要时期，不但品种较前代多，而且由于加强了中外交流，中亚的掐丝珐琅、镶嵌宝石以及镂空玉雕等技术也随之传入中国，使首饰更加绚丽多彩。

元代的首饰以黄金、玉石、珍珠等为主要材质。当时民间有五金之器莫过于金、诸石之器莫贵于玉的说法。近年从元墓中出土不少首饰，加上传世的首饰，成为了解元代首饰的重要实物资料。

元代金首饰常见的有金钗、金花钿、金簪、金耳环、金头饰、金头面、金梳子、金戒指、金项链等。元代戏剧家李好古的《张生煮海》中有唱词"我这云鬟高挽金钗重，蛾眉轻展花钿动"，描写的正是当时妇女戴金钗、花钿的情景。金钗为历代妇女常佩戴的首饰，而花钿在元代很流行。花钿也称作花钗、花胜，是装饰于面额和发髻的首饰。这种花钿，用金、玉等做成各种花形，戴后增加美感。元杂剧作家王实甫的《西厢记》中有"我见他宜嗔宜喜春风面，偏宜贴翠花钿""恰才向碧纱窗下画了双蛾，拂拭了罗衣上粉香浮污，将指尖儿轻轻的贴了钿窝"等剧情，描写的也是女子戴花钿的习俗。元代妇女所戴花钿有翠花钿、双蛾花钿、晓翠花钿等多种样式。

金簪、金耳环、金头饰等是元代妇女喜欢戴的饰物。元代金饰的特点是，多用花鸟、动物、飞禽等图案作装饰。如元秦国公刘黑马墓中出土的一对蝴蝶耳环，元河北世侯史天泽家族墓中出土的鸟头金簪，山西灵丘县曲回寺村出土的金蜻蜓头饰，等等。传世的元代金饰，如龙系珠金簪、累丝花卉纹横枝式金钗等。其他如带狮、虎、马、牛、羊等动物和龙、凤等吉祥图案的首饰也很常见。1982年，山西灵丘县曲回寺村出土一件飞天造型元代金头饰，横长8.8厘米，以迎风翱翔的飞天为造型，飞天头戴金冠，眉清目秀，双手前伸，裙带飘逸，身下祥云为柄，构思极为巧妙，制作十分精致。亦有文献记载，元代蒙古"男子俱带耳坠"（《心史》）。

金镶玉和金饰镶嵌宝石，在元代也很流行。如史天泽后人史杠夫人头戴的嵌绿松石金簪，内蒙古自治区锡林郭勒镶

元代金蜻蜓头饰
（山西灵丘曲回寺村出土，灵丘县文物管理所藏）

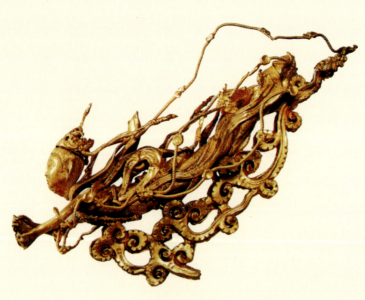

元代金飞天头饰
（山西灵丘曲回寺村出土，灵丘县文物管理所藏）

元代卷蔓花纹金饰
（内蒙古自治区敖汉旗出土）

元代宝杵形花纹金饰
（内蒙古自治区敖汉旗出土）

元代龙托牡丹纹金钗、"文南"铭龙纹金钗
（内蒙古自治区敖汉旗出土）

元代扭索纹金钗、荔枝纹银钗
（内蒙古自治区敖汉旗出土）

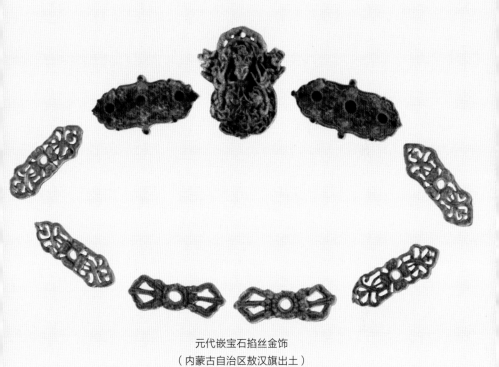

元代嵌宝石掐丝金饰

（内蒙古自治区敖汉旗出土）

黄旗马兰沟出土的累丝嵌螺钿珍珠石耳环等。金累丝镶嵌珠玉技术要求很高，因此成本也极高。"以金累事件装嵌，极贵。"（《析津志辑佚·风俗》）

元代妇女常戴一种由金银、玉质制作，称为头面的首饰。元杂剧中常有描写妇女戴头面的情节。如关汉卿的《鲁斋郎》杂剧中有："逼的人卖了银头面，我戴着金头面。"无名氏杂剧《施仁义刘弘嫁婢》中有："金银玉头面三副，不少么？"关汉卿《赵盼儿风月救风尘》杂剧中有："但你妹子那里人情去，穿的那一套衣服，戴的那一副头面，替你妹子提领系，整钗镮。"无名氏《百花亭》杂剧中有："解元，妾身止有这付金头面，钏镯俱全，与你做盘缠去。"

元代妇女也戴包髻，上缀珍珠、宝石、璎珞。包髻是妇女用来包兜发髻的头巾。璎珞亦作缨络，是用珠玉串成长串的装饰品，元代妇女常将其缀于发髻之上。贾仲名《金安寿》杂剧中有："团衫缨络缀珍珠，绣包髻鸂鶒袄。"关汉卿的《调风月》中有："他是不曾惯赴粉施朱，包髻不仰不合，堪画堪图。"元杂剧《西游记》唱词中有："我按不住风流俏胆，连理枝头谁下砍，对菱花接上瑶簪，过得南山，则少个包髻团衫。"等等，都提到包髻或璎珞。据《析津志》记载："以金色罗拢髻，上缀大珠者，名脱木华。以红罗抹额中现花纹者，名速霞真也。""复以珠缀长条，缘饰方绫，掩络其缝"（《石渠宝笈三编·南薰殿藏一》），讲的也是包髻璎珞这种装饰。

元朝建立后，与中亚等地的蒙古四大汗国仍联系不断。因此，中亚制作玉石和珠宝饰品的技术传入元朝，并与中国传统首饰制作技艺有机融合。元代称来自中亚等地的宝石为"回回石头"。成宗大德年间，"本土巨商中卖红剌一块于官，重

元代嵌宝石掐丝金饰
（内蒙古自治区敖汉旗出土）

元代嵌宝石掐丝金饰
（内蒙古自治区敖汉旗出土）

一两三钱，估直中统钞一十四万锭，用嵌帽顶上，自后累朝皇帝相承宝重，凡正旦及天寿节大朝贺时则服用之"（《南村辍耕录》卷七《回回石头》）。以贵重宝石作镶嵌材料，嵌于帽顶之上，或金银首饰中间，基本上是元代开始流行的做法。元代玉石的鉴定和珠宝的分类，已达到很高的水平。"美玉与金同，亦有成色可比对。其十成者极品，白润无纤毫瑕玷也。九成难辨，非高眼不能别。八成则次之，以至七成、六成又次之。古玉惟取古意，或水银渍、血渍之类，不必问成色也，绝难得佳品。"（《至正直记》卷三《美玉金同》）域外宝石，以不同色泽分类和区分等级。如红石头（红宝石）划分为四种：第一种称为刺，色泽淡红艳丽；第二种称为避者达，颜色为深红，石质方形略薄；第三种称为昔刺泥，颜色黑红；第四种称为古木兰，石质不纯，色泽不正，呈红黑黄杂色。绿石头（绿宝石），分为上中下三等：上等称助把避，暗深绿（浓绿）色；中等称助木刺，明绿（阳绿）色；下等称撒卜泥，带石性浅绿色。鸦鹘（亚姑），以颜色区分为红、青、黄、白等种类。其中青鸦鹘又分为上中下三等：上等，深青色；中等称为你蓝，浅青色；下等称为屋扑你蓝，冰种带石性浑青色。猫睛（猫眼）也分为两种：一种是中间有一道活光像猫眼睛，另一种是中间没有活光的走水石。元代的甸子（绿松石），当时主要有三个产地：一是回回甸子，产自中亚，称为你舍卜的，纹理细腻；一是产自国内原西夏故地，称为乞里马泥的河西甸子；另外，还有一种产自湖北的襄阳甸子，能变色的称为荆州石（《南村辍耕录》卷七《回回石头》）。

元代规定，命妇一至三品用金珠宝玉首饰；四、五品用金玉珍珠首饰；六品以下用金首饰，耳环可用珠玉。元代贵

元代蟠螭纹玉带饰

（江苏溧水南郊元墓出土，溧水区博物馆藏）

元代蟠螭纹圆牌饰

（陕西西安南郊东何家村出土，西安博物院藏）

元代的铃形鎏金银罩
（内蒙古自治区敖汉旗出土）

元代的金钏（江苏出土）

元代的银妆奁

元代的龙纹金项饰
（内蒙古自治区敖汉旗出土）

元代戏婴牡丹纹金簪
（江苏南京邓府山出土，南京博物院藏）

元代"朱力"铭金钗、小圆饼金钗

（内蒙古自治区赤峰藏）

元代双龙纹银钗

（内蒙古自治区敖汉旗出土）

元代凤纹银簪、鸡冠花形银钗
（内蒙古自治区敖汉旗出土）

元代椰树纹金首银簪、石榴纹金首银簪
（内蒙古自治区敖汉旗出土）

山西永济元永乐宫壁画女性人物的配饰

族妇女戴罟罟冠时，上面常以"大珠穿成九珠方胜，或叠胜葵花之类，妆饰于上。与耳相联处安一小纽，以大珠环盖之，以掩其耳在内。自耳至颐下，光彩眩人。环多是大塔形葫芦环。或是天生葫芦，或四珠，或天生茄儿，或一珠"（《析津志辑佚·风俗》），说明当时用金玉珍珠作装饰很盛行。元人张昱《辇下曲》中有："向晚大安高阁上，红竿雉帚扫珍珠。"（《可闲老人集》卷二）说的是宫廷大宴后，作为身上配饰的珍珠掉了一地。高丽汉语教科书《老乞大》中，也有高丽商人到大都买珍珠等首饰材料的内容，书中说："烧珠儿五百串，玛瑙珠儿一百串……水精珠儿一百串，珊瑚珠儿一百串。"这也从一个侧面反映出当时大都珠宝首饰市场的繁荣。

　　元代也有用铜做的首饰，多为下层妇女佩戴。元杂剧《后庭花》中讲一个妇女"买取一付蜡打成的铜钗子，更和那金描来的枣木梳"，说的是贫妇只能买用失蜡法做的铜钗和描金的桃木梳。《老乞大》中记述说，高丽商人在大都买了"枣木梳子一百个，黄杨木梳子一百个，大篦子一百个，虮篦子一百个"，说明元代梳头用具种类很多。

食

饮食革新——从食肉饮乳到以五谷为食

元朝建立以前，蒙古人主要以畜牧业和狩猎为生，肉类和乳品为主要食物。家畜以羊、牛为美餐，猎获物以兔、鹿、野猪、黄鼠、野马以及河鱼为佳馔。游牧和狩猎均离不开马匹，因此非盛宴不杀马。《元史·食货志》云："其俗不待蚕而衣，不待耕而食。"用形象生动的语言，描画出食肉饮乳、狩猎穿皮的草原游牧民族与耕田种粮、养蚕织布的中原汉族的差异。

蒙古地区食用粮食的历史，大约始于12世纪初期。当时，邻近汉族地区的个别部落，因受汉族的影响开始食用粮食。然而，蒙古人食用粮食所占食物比重很小，粮食未能取代肉乳成为主要食物。直到13世纪40年代中叶，欧洲传教士普兰诺·加宾尼来到蒙古草原，还看见"他们既没有面包，也没有供食用的草本植物、蔬菜或任何其他东西，什么也没有，只有肉"（《出使蒙古记》第17页）。此后，蒙古军队灭亡了金朝，占领中原广袤的良田沃土之后，蒙古大臣别迭等人还

元墓壁画《鹿乳奉亲图》中的挤鹿奶图（陕西横山元墓出土）

提出"汉人无补于国，可悉空其人以为牧地"（《元史·耶律楚材传》）的主张，要把汉人全杀掉，使农田长草，用来放牧牲畜。这反映了当时习惯于游牧经济的蒙古贵族，对农业经济认识的肤浅。蒙古统治者真正重视农业经济，确切地说，应该是在元世祖忽必烈时代。

忽必烈以武力统一全国后，蒙古族从"食肉而不粒"（《黑鞑事略》）的草原游牧民族，一跃而成为管理全国的统治民族。忽必烈早在称帝前就主持漠南汉地事务，对农耕文化极为熟悉。即位之初，便首诏天下："国以民为本，民以衣食为本，衣食以农桑为本。"（《元史·食货志一》）忽必烈还仿效汉族帝王亲耕籍田和祭祀神农后稷。同时，采取一系列发展农业的措施。设立司农司管理全国农业，刊行《农桑辑要》以推广先进的农业技术。除汉人之外，也鼓励和倡导蒙古人从事农业生产。元朝政府还下令，命驻扎各地的蒙古军队屯田耕种。当时，全国各地几乎都有蒙古族军民从事农耕。这种情况改变了以往蒙古族"出入止饮马乳，或宰羊为粮"

元人《柳荫归牧图》（美国波士顿美术馆藏）

　游牧与耕织之间：元代日常生活概览

（《蒙鞑备录》），单纯以畜产品为生的生活方式。忽必烈还发布诏书规定：蒙古户种田，有牛马羊之家，不再支给口粮；无田者仍支给口粮。这说明，元代蒙古族和汉族一样，粮食逐渐成为食物的重要来源。

元代五谷杂粮品种繁多，主要有粳米、糯米、籼米、粱米、稷米、黍米、玉蜀黍、小麦、大麦、荞麦，以及绿豆、赤小豆、回回豆、青小豆、豌豆、扁豆等。

以往北方主要生产粟、麦、黍、豆等品种，南方多种粳、糯、籼等水稻。元朝的统一，促进了南北粮食品种的交流。北方的粮食品种推广到江南，而江南的水稻也深受北方民众的欢迎。北方所产稻米"收数倍于陆田，而粳、糯又比谷、麦常贵"（《王文忠集》卷六）。靠近河渠之处的北方农民，纷纷开辟水田。如元顺德路邢台（今属河北）、南和（今属河北）等县，邻近澧河，"分引沟渠浇灌稻田，近水农民久蒙利益"（同上）。地势高于水位的村落，"造水车，设机汲引浇灌田苗"（同上）。陕西兴元一带，引龙江水灌田。河南、甘肃等地也开辟了许多稻田。甘肃一带，在元时称为河西，当地所产稻米被称为"河西米"，以颗粒饱满坚实而驰名天下。

稻麦粮食作物收获之后，还需要进一步加工成可以食用的米面。元代面粉加工过程很有讲究。元杂剧《来生债》中记有一段磨博士的道白："早晨起来，我又要拣麦，拣了麦又要簸麦，簸了麦又要淘麦，淘了麦又要晒麦，晒了麦又要磨面，磨了面又要打罗，打了罗又要洗麸……"（《元曲选》）这出杂剧，用很生动的语言描述了元代磨面的步骤。

元代的石磨形制与前代差别不大，通常也用驴马拽引。同时，元代已有机械磨面的装置。据元人陶宗仪记载，元代

元代青花釉里红楼阁式瓷仓

《农书》插图中的卧轮式水排

专门掌管御用膳食机构的尚食局磨坊，设有一种独特的磨面装置。磨坊为两层楼房，"其磨在楼上，于楼下设机轴以旋之"（《南村辍耕录》卷五《尚食面磨》）。这样，在磨面过程中，面粉不会受到污染。"驴畜之蹂践，人役之往来，皆不能及，且无尘土臭秽所侵。"（同上）当时还有一种水磨，一天一夜可磨三十余石粮食（《析津志辑佚·物产》）。除了磨面工具，还有碾、碓等粮食加工工具。

元代的碾主要有两种：一种是辊碾，一种称为石碾。辊碾是由圆形台子和碌碡组成，碌碡的一端与台子中央木柱相连，靠碌碡的滚动碾去谷物外壳，或将玉米等碾成碎屑。石碾与辊碾大同小异，区别在于，石碾通常有两个石槽，粮食在碾槽里旋转。当时，碾一般要用两三匹马拖拉，每天可以

五代卫贤《闸口盘车图》中的水磨

宋代的官营水磨坊

北宋王希孟《千里江山图》中的水磨

碾二十余石粮食。元大都皇城内御苑放置有一座水碾，每日可碾粮谷十五石，以供宫廷食用。

元代的碓是在石臼基础上发展起来的一种机械舂米工具。以往民间多用石臼手工舂米，效率很低。元代的碓是以石臼、木杠、杵等连接组成，稻谷放入石臼，用脚踏动木杠，带动杵上下起落，去皮壳或舂成粉。元代还流行一种水碓，是采用水力舂米谷的机械。元人刘将孙写有一首《石碓》诗（《养吾斋集》卷二），描绘他所见到的一座寺院中的水碓。诗云：

凿石作机舂，聊应僧钵求。

自碓不碓他，岂吝此水流。

日用不容缺，事办神不留。

何至作机械，代众生马牛。

元代景德镇窑青白釉磨（首都博物馆藏）

元朝的建立，南北的统一，加强了各地区和蒙汉等民族间的交流。汉族先进的农业，对于蒙古族经济的发展起到了促进作用。同样，蒙古族发达的畜牧业，对于汉族畜牧业的发展也有很大贡献。在食物构成方面，各民族更是相得益彰。当时，社会上流行的养生格言"五谷为食，五果为助，五肉为益，五菜为充"（《饮膳正要》卷二），即使今天看来，也符合膳食平衡的理论。这也反映出，农业和畜牧业两种经济的结合，使元代食物构成逐渐趋于更加合理化。

家常饭菜——主食与蔬菜

元代食品丰富而精美，主食品种繁多，小吃颇具风味，菜肴烹调技艺精湛，在许多方面超过前代。

元代的面食主要有馒头、面条、挂面、饺子、包子、馄饨、烧饼、蒸饼、饼子、手饼等。米食多做干饭、水饭、粥。豆类一般做汤、粥，或捣碎去皮，做各种羹馅。上述食物大多为前代已有的食物，而挂面则为元代所特有。元代主食的特点是加工制作精美。以面条为例，即使一般人家吃煮面，在程序上也一定要讲究。元代画家倪瓒曾写下一部有关饮食的著作，其中记述了面条的详细做法：如若午间要吃面，清晨就要用加盐的水和面，团捺二三十下，用东西盖上，过一会儿再揉，这样反复揉几遍。中午，面饧好后擀切。水开后，边搅动边下面，待面煮透后停火，加盖锅盖，再烧煮略开，便捞出入汁 *（《云林堂饮食制度集》）*。面条不仅制作精细，而且

山西洪洞广胜寺元代壁画中的食品

种类名目繁多。常见的面条有经带面、山药面、皂羹面、春盘面、羊皮面、冷淘面等。此外，还有两种面条颇具特色：一种是名叫"秃秃麻食"的手撅面，另一种是叫作"马乞"的手搓面，在当时很出名。元代面条所用佐料也很丰富，除葱、姜、醋、胡椒之外，常添加羊肉、蘑菇、胡萝卜、鸡蛋等拌面。此外，还常用羊胃、羊皮、羊舌、羊腰子等杂碎做面卤。这种面条的吃法，无疑是受到喜欢吃羊肉的蒙古人的影响。馒头的花样也很多，有仓馒头、麂奶肪馒头、糟馒头、黄雀馒头、剪花馒头等品种。包子有天花包子、蟹黄包子、藤花包子等。饺子有水晶饺、撒列饺、时萝饺等。

元大都的工匠、经纪人等普通人家，每天中午主要以蒸饼、烧饼等为主食，早晚多以水饭为食。

元代菜肴较主食丰盛，这与当时品种丰富的蔬菜有直接关系。元代的蔬菜品种有葵菜、蔓菁、芫荽（香菜）、芥菜、薤菜、韭菜、冬瓜、黄瓜、萝卜、胡萝卜、天净菜、瓠瓜、菜瓜、葫芦、蘑菇、木耳、竹笋、蒲笋、藕、山药、芋头、莴苣、白菜、蓬蒿、茄子、苋菜、芸苔、菠菜、菩荙、蓼子、天花、回回葱（洋葱头）、芹菜、甘露子、海菜、蕨菜、薇菜、苦买菜、水芹、黄花菜、草决明、东风菜、荠菜、白豆菜、马兰、蘩蒌、蕺菜、灰涤菜、甜菜等，家种和野生常用菜蔬多达八十余种。

元代的蔬菜不仅品种众多，而且栽培技术也超过前代。元代传世的三部关于农业的名著——《农书》、《农桑辑要》、《农桑撮要》，其中不少章节记述了蔬菜栽培技术。例如，《农书》记述的关于菠菜的种植技术和食用方法："春正月、二月皆可种，逐旋食用。秋社后二十日，种于畦内，以干马粪培

河北石家庄毗卢寺壁画《往古九流百家街市图》

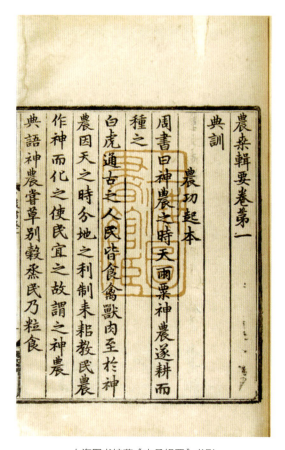

上海图书馆藏《农桑辑要》书影

之，以避霜雪。十月内以水沃之，以备冬食。又宜以香油炒食，尤美。春月出薹，嫩而又佳。至春暮茎叶老时，用沸汤掠过晒干，以备园枯时食用，甚佳。实四时可用之菜也。"

　　元代重视提高蔬菜种植技术，因此各地常有蔬菜高产的新闻。例如，扬州产的大白菜，"大者重十五斤，小者亦不下八九斤"（《南村辍耕录》卷二十三《扬州白菜》），即使有臂力的人，也拿不动几棵。

元代城镇居民吃菜，主要靠周围农村供应。当时，大城市都有专门的菜市，从事蔬菜买卖。元大都的丽正门三桥、哈德门丁字街、和义门外等地，都设有较大的菜市。走街串巷的卖菜小贩也有不少。元人孔齐的《至正直记·奸僧见杀》中，曾记述了一件犯罪的案子。事情的原委是：一日，有个官员的妻子"倚门买鱼菜"，被一个僧人看上，设计拐骗走了。这件事反映出，当时蔬菜交易中也有送菜上门的现象。

元代菜肴烹饪也有很高的技艺。当时流行很多菜谱，反映出元代社会对饮食的重视。现抄录几例常见菜的菜谱，从中可以看到元人的日常饮食情况。

烧萝卜：先将萝卜切成四方长形小块，放置净器中，以生姜丝、花椒粒糁上，用水及酒少许，与盐、醋调和入锅，趁热浇萝卜上，急盖放置地上，浇汁要浸没萝卜。

熟灌藕：用绝好的真粉入蜜及麝少许，灌藕内，从大头灌入后，用油纸包扎，放锅中煮熟，切食。

雪盦菜：用春菜心，少许留叶，每棵作二段，放入碗内，再将乳饼厚切片，盖满菜上，用花椒末于手心揉碎糁上，椒不须多，以醇酒入盐少许，浇满碗中，然后上笼蒸，菜熟可食。

茄子馒头：嫩茄子去瓤，内放羊肉馅蒸，熟后加蒜、酪、香菜末即可食用（以上菜谱摘自《饮膳正要》、《云林堂饮食制度集》）。

珍馐异馔——肉类荤菜的烹饪

元代地域辽阔和中外交流的广泛，促进了各地饮食的相互交融。因此，元代的肉类食品，无论是数量还是烹制方法均独树一帜。据元人忽思慧的《饮膳正要》统计，元代可作食用的家畜和野兽有三十二种，禽类有十七种，鱼类有二十三种。再加上元人所著《饮食须知》、《析津志》等书的记载，入菜畜禽当不下百种。肉食常见的是羊、猪、鸡、鸭、鹅以及鱼、虾等。

元代有一个现象是马、牛极少入菜，这与元朝统治者的倡导有很大关系。蒙古草原时期就有非盛宴不杀马的习俗，进入中原之后，又认识到马、牛对农耕的重要性，因此对马、牛限制宰杀。中统二年（1261）五月，元世祖诏令"凡耕佃备战，负重致远，军民所需，牛马为本。往往公私宰杀，以充庖厨货之物，良可惜也。今后官府上下、公私饮食宴会并屠肆之家，并不得宰杀牛马。如有违犯者，决杖一百"（《元

《饮膳正要》书影

元代的肉食（山东章丘元代壁画墓出土壁画）

典章·刑部十九》）。直到元代后期，仍遵循不随意宰杀马、牛的规定，所谓"牛马之为畜，最有大功于世，非奉祭祀先圣及有故则不食"（《至正直记》卷三《议肉味》）。元代甚至还有吃牛肉会生病的说法，以劝阻宰杀耕牛。

元代是羊肉烹饪技艺的高峰阶段，烹烤煮炒炖蒸，几乎掌握了羊肉和羊杂的各种吃法。当时，流行的羊肉菜肴名吃有：炙羊心、炙羊腰、带花羊头、熬羊胸子、羊肉饼儿、脑瓦剌、攒羊头、细乞思哥、肝生、柳蒸羊、河西肺等。

食羊肉菜肴是蒙古游牧民族长期养成的一种饮食习惯。入元之后，元朝皇帝仍一直保留着吃羊肉的习惯，"皇朝御膳，日用五羊"（《山居新话》）。因此，羊膳是宫中最常见的菜肴，所谓"胄监诸生盛国容，大官羊膳两厨供"（《辇下曲》）。

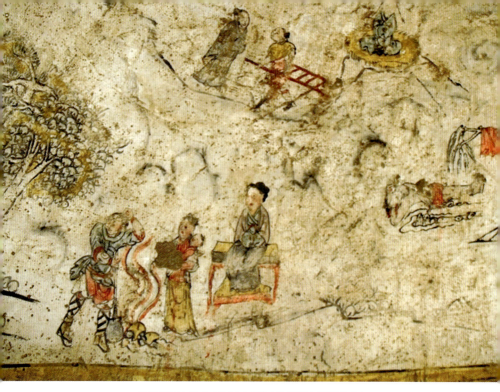

元墓壁画中的《孝子侍亲图》（陕西横山元墓出土）

皇帝也常以羊膳赐宴大臣。元人杨允孚曾随驾上都（今属内蒙古自治区正蓝旗），著有《滦京杂咏》一书，其中有诗云："内人调膳侍君王，玉仗平明出建章。宰辅乍临闻阖表，小臣传旨赐汤羊。"清代褚人获的《坚瓠集》中，记述了这样一个故事：明永乐皇帝朱棣发动靖难之役夺取帝位后，一天，前往南京鸡鸣山游幸，在帝王庙看到元朝诸帝像后说："皆是吃绵羊肉郎主。"可见，元朝皇帝喜欢吃羊肉的习惯传播得很广。不仅是皇帝，当时的汉人也对羊肉菜肴很感兴趣。被俘到大都的南宋全太后及嫔妃等，也"日支羊肉一千六百斤"（《增订湖山类稿》卷二）。元代著名剧作家关汉卿的杂剧《窦娥冤》中就有蔡婆婆生病后"想羊肚儿汤吃"的剧情。可见，吃羊肉在当时是很普遍的现象。

元代设有食羊课，即宰羊税。据《元史·食货志》记载的几个地区食羊课资料：每年内大都路四百三十八锭、上都路三百锭、兴和路三百锭、大同路三百九十三锭等，所占当地商税比重不小。从中也可以看出，羊肉的需求量很大。下面介绍几种元代羊肉菜肴的制作方法，以展示当时的羊肉烹饪技艺。

带花羊头：羊头三个熟切，羊腰子四个，羊肚、肺各一具煮熟切，攒胭脂染，生姜四两、糟姜二两各切碎，鸡蛋五个做花样，萝卜三个做花样，以上各件用好肉汤炒，再以葱、盐、醋调和。

元代大德乙巳年铜簋（湖南博物院藏）

山西洪洞广胜寺元代壁画中的《卖鱼图》

羊肉饼儿：将去脂、膜、筋的精羊肉捶为泥，加哈昔泥三钱、胡椒二两、荜拨一两、芫荽末一两，用盐调和，捻饼入油炸。

熬羊胸子：羊胸子两个，煺毛、洗净、煮软，切成小块，加姜末二两、料物五钱，用好肉汤下面丝炒，以葱、盐、醋调和。

盐肠：羊肠用水洗净，用盐拌匀，风干入油炸。

即使是做鱼丸子、芙蓉鸡等菜肴，也要添加羊肉。如，据元代菜谱，做鱼弹儿：大鲤鱼十条，去头尾皮骨，与羊尾子两个同剁为泥，生姜一两、葱二两切细，陈皮末三钱、胡椒末一两、哈昔泥二钱加盐入鱼肉拌匀，做成丸如弹儿，用油炸。做芙蓉鸡：小鸡十个熟攒，羊肚、肺各一具熟切，生姜四两切碎，胡萝卜十个切块，鸡蛋二十个煎饼做花样，菠菜、芫荽打糝，胭脂、栀子染色，杏泥一斤，用好肉汤炒，以葱、醋调和（以上菜谱见《饮膳正要》卷一）。鱼丸子加羊尾，鸡加羊肚、肺等，这在传统菜肴中很独特。

元代除羊肉烹饪技艺高超之外，其他肉食菜肴制作也十分讲究。下面列举一种元代荤菜的制作方法。

烧猪肉：猪肉洗净，以葱、椒及蜜少许，加盐、酒擦之，然后上锅。锅内加竹棒架起，用水一盏、酒一盏，锅盖用湿纸封缝，干则以水润湿。用一个草把烧，不用拨动，再烧草把一个，然后住火。用手摸锅盖感觉冷后，开盖翻动，再盖锅，仍用湿纸封缝，再烧一个草把，候锅盖冷即熟。（以上菜谱见《云林堂饮食制度集》）

元代已经十分重视人工养殖水产，元大都有专门为皇宫御用的养鱼池，"畜鱼种类甚多，以供御食，大汗取之惟意所欲"

（《马可波罗行纪》第313页）。元朝政府也鼓励民间养殖水产，据《元史·食货志》载："近水之家，又许凿池养鱼并鹅鸭之数，及种苇莲藕、鸡头、菱角、蒲苇等，以助衣食。"江南水乡水产鱼类品种很多，据《至顺镇江志》记载：镇江的鱼类有鲟鱼、时鱼、鲨鱼、回鱼、河豚、白鱼、鲤鱼、金鱼、青鱼、鳜鱼、鳊鱼、鲢鱼、鲩鱼、鳡鱼、鲻鱼、鳝鱼、泥鳅、鳗鲡、针口、银条、吐鮁、黄颡、桥丁、邵阳、江豚、鼋、龟、鳖、蟹、蠡、虾等。元代沿海地区已有人工养殖的蚶田，"以海底取蚶种，置于田"（《至正直记》卷四《海滨蚶田》）。由于常年食用，人们总结出一套很有特色的烹制水产品的方法。下面选取几种元代常见的菜谱，以此了解元代烹饪水产品的情况。

蜜酿蝤蛑：用盐水煮，刚变色便捞起劈开，留全壳，螯脚出肉股，剁作小块。先将上件排在壳内，以蜜少许入鸡蛋，搅匀后浇遍，再用膏腴铺鸡蛋上，然后上火蒸，鸡蛋刚干凝即取下，不可蒸过火候。食用时添加橙子酱和醋。

青虾卷佥：青虾去头壳留小尾，用小刀子薄劈，自大头劈至尾，肉连尾不要断，以葱、椒、盐、酒水腌渍，头壳敲碎，熬汁去渣，虾肉佥至汁中，然后澄清入笋片、糟姜片，即可食用。

蚶子制法：生蚶劈开，置于碗中，沥浆在上面，用极热酒烹下，即可食用。不须用椒、盐等佐料。劈时先用大布针刺，则蚶口易开。

田螺制法：取大个田螺敲去头，不要见水，用砂糖浓拌腌渍。约一顿饭工夫洗净，再放入葱、椒、酒腌片刻，佥入清鸡原汁中，即可食用。或生用盐、酒入莳萝浸泡三五日，加清醋食用。

蛤蜊制法：蛤蜊洗净生劈开，打浆沥在器皿中，刮去蛤蜊泥沙，再用温水洗净，然后用细葱丝或橘丝拌蛤蜊肉，排在碗内，用前浆水和二次洗水汤澄清，加入葱、椒、酒调和，熬成汁浇蛤蜊肉，即可食用。

煮蟹法：用生姜、紫苏、橘皮、盐与蟹同煮，水大沸透便翻个，再一大沸便吃。凡煮蟹，随煮随吃，则味道极佳。

当时，平江有两道上贡的珍品名菜：一是鲈鱼鲊，一是鳍子腊。这两道名菜有"金齑玉脍"之称。其实，制法并不复杂。鲈鱼鲊制法：用细如榛子肉的回回豆泥、香杏、花叶等，与鲈鱼肉相拌，呈现出紫花、绿叶、白鱼相间的图案。鳍子腊制法：选肥鳍鱼（即鲫鱼）去头尾，润以酥油，加香料，风干为腊（《平江记事》）。

行厨八珍——最名贵的美食

元代最名贵的，是被称为"行厨八珍"的八种美食，分别是：醍醐、麆沆、驼蹄羹、驼鹿唇、驼乳糜、天鹅炙、紫玉浆、玄玉浆。

醍醐是由酥油经过加工提炼形成的油脂物，也称作醍醐油。《饮膳正要》一书中记载了醍醐的制作方法："取上等酥油约重千斤之上者，煎熬过滤净，用大磁瓮贮之，冬月取瓮中不冻者，谓之醍醐。"酥油本身就是从乳酪中提炼出来的精品，而醍醐又是从酥油中再提纯而来的，足见其珍贵。因此，醍醐被认为是"不可多得，极甘美"（《本草纲目》卷五十《兽部》）的。曾在元廷任职的耶律铸作《醍醐》诗，盛赞醍醐的甘美，诗云："众珍弹压倒淳熬，甘分教人号老饕。饕大名

非痴醉事，待持杯酒更持螯。"（《双溪醉隐集》卷六《行厨八珍诗》，以下有关八珍的诗均出此）

酺沆，即一种名贵马奶酒。酺沆一词源自西域古部族奄蔡族语，元代仍袭用这一称谓。马奶"挏逾万杵，香味醇浓甘美，谓之酺沆"（下文还有专门介绍各种马奶酒的内容）。

驼蹄羹是用野骆驼的蹄子熬制成的糊状食物。将坚硬的驼蹄化作绵软鲜嫩之物，需要长时间的熬制和火候的把握。正因为野驼难获和烹制不易，驼蹄羹才成为"行厨八珍"之

内蒙古自治区赤峰元宝山区沙子山元代2号墓壁画《备食图》

饮用马奶酒图

一。驼蹄羹非常鲜美，"有自然绝味"。耶律铸《驼蹄羹》诗云："独擅千金济美名，夤缘遗味更腾声。不应也许教人道，众口难调傅说羹。"羹是元代的一种常见食品，名目繁多，《饮膳正要》一书中列举了多种，如鹁鸽羹、野鸡羹、獐肉羹、鸡头粉羹、青鸭羹、羊肚羹、葵菜羹、驴头羹、葛粉羹、乌驴皮羹、獭皮羹、獭肝羹、鲫鱼羹等十余种。以驼蹄羹为八珍之一，可见很名贵。

驼鹿唇是用一种称为驼鹿的嘴唇做成的菜肴。驼鹿是体形最大的鹿，因其高大的身躯、四肢和高耸的肩部等很像骆驼，故得此名。这种动物头部很大，面部很长，颈部较短，鼻子肥大下垂，特别是上嘴唇膨大而延长，比下嘴唇要长五六厘米。因此，驼鹿"肉味非常，唇殊美，上方珍膳之一也"。耶律铸也写有一首赞美这道名菜的《驼鹿唇》诗，诗云："麟脯谁教冠八珍，不甘腾口说猩唇。终将此意须通问，曾是调和玉鼎人。"

驼乳糜是一种用骆驼奶及配料与谷物熬制成的粥食。从味道和营养价值来看，是一般人很难享用到的。因此，驼乳糜作为八珍之一，只有贵族之家才能吃到。

天鹅炙是一种将天鹅肉进行烧烤而成的美食。炙烤是最大限度保持食物本味的烹饪手法。炙烤的难度在于火候的掌握，时间过长或过短，都会破坏食物结构和味道。天鹅炙烤完成后，再配上绝佳的辅料，成为难得的食物珍品。元代享用过这道美食的汉人文臣，无不对其赞赏有加。元朝皇帝很钟情于这种美食，不仅平时喜欢吃，而且在宴会上也会与臣僚共食。同时，赏赐大臣时也常常会赐这道名菜。元代捕捉

元墓壁画中的《牧羊图》（陕西横山元墓出土）

《元世祖出猎图》中的海东青（元刘贯道，台北故宫博物院藏）

天鹅，并不是射猎，而是用一种叫作海东青的鹰鹘捕捉，这样才能捉到活天鹅，入菜肉质才鲜美。元大都东郊有一个叫作柳林（今属北京通州）的地方，"湖面甚宽，所种延蔓，天鹅来千万为群"（《析津志辑佚·物产》）。柳林实际上成为皇家厨房野味的主要供应地。因此，制作天鹅炙等珍奇美味，才有源源不绝的食材。元人张昱的《辇下曲》中有一首诗，描写了柳林放飞鹰鹘捕捉天鹅的场景："天朝习俗乐从禽，为按名鹰出柳阴。立马万夫齐指望，半空鹅影雪沉沉。"（《可闲老人集》卷二）

紫玉浆和玄玉浆这两种饮食，在《饮膳正要》等著作中并未有详细记载，依据零散的资料分析，当是紫葡萄酒和黑马

元代的《尚食图》（山西洪洞广胜寺元代壁画）

　　画面右下角是两个小侍女在烧炉，火炉上的壶已经烧开，其中一侍女弯腰捅灰，站着的侍女怕炉灰弄脏了头发，急忙用衣袖遮住了头。尤为可贵的是，从火炉中可以看出燃料是煤。

奶酒。有学者认为，玄玉浆是一种芍药茶，此说法似乎很难成立。因此，将这两种浆类饮料放入后文酒文化部分一并介绍。

由于八珍尤为珍贵，元朝皇宫专门设有制作八珍的小厨房，由专职的厨师进行烹制。据元人杨允孚《滦京杂咏》记载："御厨常膳，有曰小厨房、曰大厨房，小厨房则内人八珍之奉是也，大厨房则宣徽所掌汤羊是也。"足见八珍的名贵。

宫廷宴飨——国宴

中国古代帝王宴飨群臣，是一种必要的礼仪，正所谓"公当享，卿当宴，王室之礼也"（《左传·宣公十六年》）。元代的宫廷宴飨，与前代不尽相同。它不是一般性的君臣聚会享乐，而是元代社会生活中的重大事宜。元翰林学士王恽曾说过，国家大事有三项："曰征伐，曰蒐狩，曰宴飨。"（《秋涧集》卷五十七《大元故关西军储大使吕公神道碑铭》）当时，宴飨与征战、狩猎相提并列为元朝的重大国事，足见宴飨所占的地位之高。

元朝宫廷宴饮，不仅仅是统治者的吃吃喝喝，以此挥霍掠夺来的财富，更重要的是通过宫廷宴饮共商国是。元朝的许多重大国策，均形成于杯盘交错之际，所谓"虽矢庙谟，定国论，亦在于樽俎餍饫之际"（同上）。

元朝宫廷大宴一年要举行多次。当年来元朝的意大利人马可·波罗说，宫廷宴飨，每年要举行十三次。其实，元朝每年宫廷大宴不止仅有十三次。一般在每年元旦、六月吉日、朝会、庆典、祭祀、宗王来觐、皇帝巡幸、帝后生日、太子册立时，都要举行宫廷宴飨。元代对于这种国宴有专门称谓，

《狩猎人物图》（元赵雍，美国圣路易斯美术馆藏）

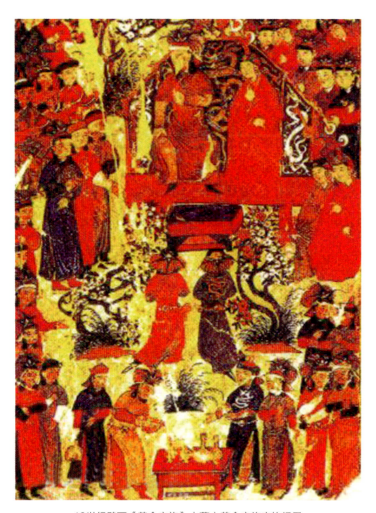

13世纪壁画《黄金家族》中蒙古黄金家族宴饮场景

叫作"质孙宴",或"诈马宴"。"质孙"为蒙古语,意为颜色,前文已做过介绍。"诈马"一词为波斯语,意为衣。凡参加国宴者,上至皇帝,下至卫士,均穿同一种颜色的服饰,即质孙服。

　　每次举行国宴时,当天清晨,王公大臣穿戴镶嵌珠宝的质孙服,各持彩仗,列队进入禁中。皇帝则穿戴天子质孙服,

元代的青白釉花口盏（河北博物院藏）

元代的银钵（内蒙古自治区敖汉旗东大沟窖藏出土）

坐御殿临观。赴宴者按照职爵高下，依次入座。皇帝面南高坐于宝座之上，食案设在座位前，皇后位于左侧。皇子和诸王列坐右侧，座位较皇帝宝座低，头部仅能与皇帝的足部平行。其他文臣武将的食案依次降低。帝后左边摆列着高低不等的食案，是专为公主和大臣妻女等女眷准备的席位。宴飨有羊、马、鹿、驼、黄羊、兔、野鸡、熊掌、天鹅、大雁等肉类菜肴多种，菜蔬果品不计其数。所谓"诈马筵开，盛陈奇兽"（《滦京杂咏》），说的就是宴会上奇珍异兽等肉类食物很多。但羊、马还是主要食材，通常一次大宴，要用羊两千只、马三匹。宴飨的主要饮料是上等葡萄酒和马奶酒。"以银制和镀金大盏，盛满诸种酒。"（《多桑蒙古史》上册）宫廷大宴的饮食来自四面八方，诗人杨允孚曾赋诗云："嘉鱼贡自黑龙江，西域蒲萄酒更良。南土至奇夸凤髓，北陲异品是黄羊。"（《滦京杂咏》）

国宴开始前，还要举行一种庄严的仪式。先由一两位大臣从石室金匮中取出成吉思汗大札撒（法度），宣读若干条文。而后，"诸坊奏大乐，陈百戏"（《近光集》卷一）。这时，方可饮酒用膳。宴饮之人要有节制，不能狼吞虎咽、纵情狂饮。宴飨期间，还有一个称作"喝盏"的仪式，蒙古语为斡脱，又作月脱、斡脱克，意为"请用"。"国家凡宴飨，自天子至亲王，举酒将酹，则相礼者赞之，为之喝盏。"（《道园学古录》卷十六《孙都思氏世勋之碑》）这种喝盏仪式的具体操作是：一人执酒觞立在右阶，一人执拍板立于左阶，执板者高喊一声："斡脱！"执酒觞者应声和曰："打弼！"（意为就座）执板者击板，各种乐器随后齐奏。执酒觞者走至皇帝面前进酒，皇帝接盏饮酒后，授还酒觞，众乐停奏。随后，乐队一曲再奏响，众人遂开怀畅饮。宴会通常要举行三天，赴宴者每天都要更换服饰。由于元朝这种宫廷大宴规格很高，又常常在席间商议国事，因此官员以能参加此宴为荣。元代诗人张昱曾作诗赞叹国宴的盛况："祖宗诈马宴滦都，捆酒啍啍载憨车。向晚大安高阁上，红竿雉帚扫珍珠。"（《可闲老人集》卷二）

俗话说盛筵难再，随着明朝洪武皇帝朱元璋登基，蒙古统治者退回北方草原，元代国宴——质孙宴在中原大地遂销声匿迹，渐不为人所知。以至清朝博学多才的乾隆皇帝也不免闹出笑话，以为质孙为"马之毛色"，质孙宴"盖呈马戏之后，则治筵以赐食耳"（《热河志》卷四十八《塞宴四事》）。他错误地认为，元朝的质孙宴是在表演马戏之后而赐宴。

香气扑鼻——调料和煲汤

食物的香甜可口，离不开调味品。元人对调料的认知，达到了很高的境界。民谚"早上起来七件事，柴米油盐酱醋茶"，调料就占了四件。可见调料被重视的程度。

元代烹饪用的调味品，除了油、盐、酱、醋外，还有糖、葱、姜、蒜、胡椒等。常用食用油有两类：一是植物油，包括芝麻油、豆油、菜油、果油等；一是动物性油脂，包括羊脂、酥油、猪油等。

芝麻油是从农作物芝麻中提取的一种油料。元代农学家王祯说：胡麻（芝麻）有乌（黑）、白两种，"乌者良，白者劣"，"取其油可以煎烹，可以燃点，其麻又可以为饭"（《农书·百谷谱二》）。《至顺镇江志》中说："麻，有二种，曰胡麻，曰白麻。胡麻可饭，白麻可压油。"元代芝麻的种植很普遍，南北都有。《饮膳正要》中列举了四种油——松子油、杏子油、酥油、醍醐油。前两种为植物果实油，后两种属动物性油。书中还介绍了这几种油的提取办法，松子油："松子，不以多少，去皮捣研为泥"，而后"水绞取汁，熬成取浮清油，绵滤净，再熬澄清"。杏子油："杏子，不以多少，连皮捣碎"，然后"水煮熬取浮油，绵滤净，再熬成油"。酥油："牛乳中取浮凝，熬而为酥。"醍醐油："取上等酥油"，再经过熬制提纯。豆油是从豆中提取的一种植物油，菜油是从芥菜籽中提取的植物油。元朝宫廷用羊油和酥油烹饪较多，民间多用猪油和植物油。酥油是从牛奶中提取的油脂。蒙古人对酥油十分偏爱，不仅饭菜中添加酥油，甚至喝茶也加放酥

元刊本木刻《海盐图》（中国国家图书馆藏）

油。《饮膳正要》中的不少菜谱，都有羊油和酥油成分，面食中的饺子、包子添加羊脂的就更多了。如水晶饺、天花包子等，都加羊脂。

盐是必用的调味品，因产地不同，分为海盐、池盐、井盐等。据元代营养学家贾铭说："盐中多以矾硝灰石之类杂糁，须水澄复煎乃佳。河东天生者及晒成者无毒，其煎炼者不洁，有毒。"（《饮食须知》卷五《味类》）说明当时已经重视食用盐的加工。酱的原料是豆类和面粉，用豆类制成的称豆酱，面粉作原料的称面酱。醋的种类较多，有酒醋、米醋、果醋等。果醋又因酿醋果品不同，分为桃醋、葡萄醋、枣醋等多种。当时以米醋为上品，米醋中尤以镇江金坛（今常州金坛）

元刊本木刻《解盐图》（中国国家图书馆藏）

所产最佳，成为贡品。蔗糖的历史悠久，但过去仅能生产冰糖，元代的贡献是可以制造微小颗粒状的沙糖。元朝政府机构中专设有沙糖局，"掌沙糖、蜂蜜煎造，及方贡果木"（《元史·百官志三》）。甜味佐料除糖之外，还有蜂蜜、饧（原料为大麦）等。葱、姜、蒜、芥末、陈皮和胡椒，也是最常用的调味品。《饮膳正要》中的食谱常见有："用盐、酱五味调和匀"，"葱、陈皮、生姜各切细"，"下芥末、炒葱，盐、醋调和"，等等。《饮膳正要》中专列有"料物"一项，其中列举的佐料有：胡椒、小椒、良姜、茴香、甘草、芫荽子、干姜、生姜、莳萝、陈皮、草果、桂、姜黄、荜拨、缩砂、荜澄茄、五味子、苦豆、红曲、黑子儿、马思答吉、咱夫兰、哈昔泥、稳展、胭脂、栀子、蒲黄、回回青。据马可·波罗说，元代杭州，每天所食胡椒多至四十四担，每担合二百余磅（《马可波罗行记》第535页），说明当时调味品需求很大。

调味品中，元朝政府对盐的经营管理最为严格，全国共设九处称为盐运司、提举司的机构，"掌场灶，榷办盐货，以资国用"（《元史·百官志一》），即管辖各处盐场和盐户进行盐业生产。出产的盐实行国家专卖，不许私下生产销售。其次是对醋的管理。元代对醋征收醋课，即醋税。中统二年（1261）六月，忽必烈颁发圣旨："已有先朝累降圣旨条画禁断私盐酒醋曲货匿税，若有违犯严行断罪。今因旧制再立明条，庶使吾民，各知所避。"并公布了律条："诸犯私酒曲货者，取问得实，科徒二年，决七十，财产一半没官，于没官物内一半付告人充赏。"（《元典章·户部八》）可见处罚很重。

尽管如此，元代私自贩盐、酿醋的现象并不能禁绝。元末农民起义领袖方国珍，原先就是浙东沿海的私盐贩子。

元人《货郎图》(旧传苏汉臣,台北故宫博物院藏)

《潇湘八景图》中的捕鱼图（元张远，上海博物馆藏）

汤是饮食中不可或缺的一部分。汤不仅易于营养的吸收，冬季还可以迅速恢复体温、增加食欲。而且不少汤还有药用价值。元代尤其重视汤类食物，相关食品很多，大致可以划分为菜汤和肉汤两类。菜汤是以各种蔬菜加佐料烹制而成的，元代的蔬菜名汤有瓠子汤、沙乞某儿（蔓菁）汤、葵菜汤、天净菜汤、山药汤等。肉汤有羊肉汤、牛肉汤、鱼头汤、鹿头汤、团鱼汤、鲤鱼汤、熊汤、狐肉汤、鹿蹄汤、乌鸡汤等。另外，还有用佐料做的成汤，如茴香汤、五味子汤等。其中有些汤类品种流传至今，如乌鸡汤、团鱼汤、羊肉汤、牛肉汤、鱼头汤、鲤鱼汤等，仍是当今人们常喝的汤类。下面列举几种元人的煲汤做法。

乌鸡汤：乌雄鸡一只，宰杀煺毛，洗净切作鸡块，加陈皮一钱、良姜一钱、胡椒二钱、草果两个。与葱、醋、酱搅拌后，放入瓶内封口，煮熟空腹喝，可"治虚弱劳伤，心腹

邪气"。

鲤鱼汤：鲜鲤鱼十条，去鳞肚洗净，加小椒末五钱、芫荽末五钱，葱二两切碎，酒、盐少许，一同腌拌。清汁内下鱼，次下胡椒末五钱、生姜末三钱、荜拨末三钱，盐、醋调和熬制，可"治黄疸、止渴、安胎，有宿瘕者不可食之"。

团鱼汤：羊腿一个去骨切块，加草果五个熬成汤，过滤。将团鱼五六条煮熟去皮骨，切作块。用面二两做面丝，生姜汁一合、胡椒一两同炒，以葱、盐、醋调和。"主伤中益气，补不足。"（以上煲汤做法引自《饮膳正要》）

玉液琼浆——酒文化

酒作为一种特殊的食品，既属于物质，又融入人们的精神生活之中，因而形成了一种独特的酒文

元代的玉酒海——渎山大玉海（北京北海团城藏）

江西李渡烧酒作坊遗址出土的元代酒窖

化现象。元代的酒文化，曾对社会生活产生巨大的影响。

今日的北京北海公园西侧团城，陈列着一个名为"渎山大玉海"的玉瓮，为元代遗存的精品文物。这件玉瓮也是我国现存年代最早、形体最大的传世玉器。玉海制成于至元二年（1265）十二月，最初元世祖忽必烈命置放于大都广寒殿。玉海是专为盛酒的器具，因此又名黑玉酒瓮、玉酒海等。玉海虽经近七百六十年沧桑岁月，仍光彩照人。瓮体上雕琢的鱼龙海兽千姿百态，出没于惊涛骇浪之中，栩栩如生，真有呼之欲出之感。渎山大玉海高70厘米，最大周长近500厘米，重达3500千克。一个盛酒之器竟如此硕大精美，可见元朝皇帝对于酒的嗜爱。

马可·波罗在他的行纪中曾讲道："大汗（忽必烈）所坐殿内，有一处置一精金大瓮，内足容酒一桶。大瓮之四角，各列一小瓮，满盛精贵之香料。注大瓮之酒于小瓮，然后用精金大杓取酒。其杓之大，盛酒足供十人之饮。取酒后，以此大杓连同带柄之金盏二，置于两人间，使各人得用盏于杓中取酒。妇女取酒之法亦同。"（《马可波罗行纪》第330页）元朝的宫廷最引人注目的是金酒缸。

在元朝君臣朝会和举行重大仪式等场合，酒成为重头戏而彰显其间。朝会前，先在大殿内安置酒海，"酒人北面立酒海南"（《元史·舆服志三》），面对皇帝宝座。掌酒之人，蒙古语称为"答剌赤"，负责朝会上的供酒事宜。每次朝会一般要用掌酒人六十名，才能应付局面。元大都皇宫凤仪门外，专门设有"酒人之室"（《南村辍耕录》卷二十一《宫阙制度》），随时为宫廷服务。这些酒人都是经过训练，并深知酒文化的专业人士。元朝宣徽院下设有尚酝局，是为皇室供给美酒的专

元代金箔章家造黑釉瓶　　　　　　　　　　　元代高足金杯
（甘肃省博物馆藏）　　　　　　　（内蒙古自治区阿鲁科尔沁旗出土，
　　　　　　　　　　　　　　　　　　阿鲁科尔沁博物馆藏）

元代景德镇窑凤首扁壶（首都博物馆藏）

元代景德镇窑青花松竹梅高足杯
（江西高安窖藏出土，高安市博物馆藏）

职机构。所谓"酗官庭前列千斛，万瓮蒲萄凝紫玉"（《清容居士集》卷十五《装马曲》），元朝皇帝的贪杯，为历代帝王所望尘莫及。元太宗窝阔台"素嗜酒，晚年尤甚，日与诸大臣酣饮"（《元文类》卷五十七《中书令耶律公神道碑》），最终，由于饮酒过多去世了。元成宗铁穆耳从幼年起便饮酒无节制，常因为饮酒过度遭其父忽必烈责打。他为逃避父亲所派医官的监视，曾躲入浴室，"以酒置水管中，因得痛饮"（《多桑蒙古史》上册）。其他各位帝王嗜酒的程度也很深。元人张昱的《辇下曲》诗中，有描写元朝君臣饮酒的内容，诗云："黄金酒海赢千石，龙杓梯声给大筵。殿上千官都取醉，君臣胥乐太平年。"（《可闲老人集》卷二）

元代君臣饮酒之盛，是受到蒙古传统习俗的影响。普兰诺·加宾尼曾目睹当地人的饮酒习俗。他说："喝得酩酊大醉被他们认为是一件光荣的事情，即使任何人由于喝酒太多而因此致病，这也不能阻止他以后再一次喝酒。"（《出使蒙古记》第16页）酒在生活中的重要位置，也决定了酒器成为蒙古人室内的重要陈设。蒙古人通常在幄帐里靠近门口处，摆放一张桌子，桌上放置盛酒用的酒海、皮囊以及杯盏等酒器。地位的高低，财富的多寡，决定了酒器的质地。元大都大明殿的酒桌，图案雕刻精美，酒器为长八尺、阔七尺二寸的木质银裹漆瓮，瓮体金龙环绕，可贮酒五十余石（《南村辍耕录》卷二十一《宫阙制度》）。和林皇宫大殿门口，竖立一棵闪闪发光的大银树，树下雄踞四只银狮，能口吐白色马中潼（马奶酒），有四条管子通到银树顶端，每管流出一种佳酿，沁人心脾（《出使蒙古记》第194页）。

在元代，不仅蒙古人嗜酒，内地汉人对酒也十分喜爱，认为没有什么东西能比它更令人心满意足。元人马祖常的《杨花婉转曲》中有"帝里烟花市酒船"的诗句，描写的就是大都酒船辐集的情景(《元诗别裁集》卷二)。当时，大都卖酒行业很兴旺，"酒以木作长桶盛之担送"(《析津志辑佚·风俗》)。元代女子饮酒也不少见，元人王沂"葡萄酒污石榴裙"和杨维桢"小姑吃酒口如樱"的诗句，都是形容女子饮酒的情景(《伊滨集》卷十二《和陆友仁尺五城南诗九首》、《铁崖先生古乐府》卷十《漫兴七首》)。饮酒的人很多，酒的需求也随之高涨，这促进了元代酒业的发展。酒业成为获利极大的产业。当时，民间流传一则谚语："若要富，赶在街头卖酒醋。"南方有的地方，豪强贿赂官府，垄断了当地的酿酒业，"高其估而专其利"(《牧庵集》卷十四《平章政事蒙古公神道碑》)。"京师富豪户酿酒酤卖，价高味薄，且课不时输。"(《元史·卢世荣传》)元朝政府对酒业的管理很严格，酿酒量有一定的限制，不允许私自酿造和贩卖。违反酒法，"杖七十，徒二年，财产一半没官"(《元史·刑法志三》)。尽管如此，民间私自酿酒的现象并不能禁绝。

元代的酒根据食材和制作方法，可分为奶酒、果酒、烧酒等几类。元人常饮用的酒主要有马奶酒、葡萄酒、米酒、蜜酒、蒸馏酒（烧酒）以及各种药酒。当时，四川有郫筒酒、鹅黄酒、云安酒等名酒，大致属于米酒之类。

马奶酒因受到元朝皇室影响，在当时的酒类中占有首屈一指的重要位置。元朝皇室贵族都有专属马群，随时供应新鲜的马奶酒。皇帝即使外出巡幸，也有马群相随供应马奶酒。"车驾行幸上都，太仆卿以下皆从。先驱马出健德门外，取其肥可取乳者以行，汰其羸瘦不堪者还于群。自天子以及诸王

《买鱼沽酒图》（元人绘）

  这张画中，层层积雪的山岩虽然占去了画面的大部分，主题却在江边的水阁。可见，一名离舟登岸的童子，带回市面上买来的酒。

《松荫聚饮图》（元唐棣，上海博物馆藏）

　　此图近景画河畔数棵高耸长松，树后露出数间茅屋。松荫下四位长者席地而坐，正举杯畅饮。旁有两人手捧壶盘侍候，一人抱矮案前来。

百官，各以脱罗毡置撒帐，为取乳室。"（《元史·兵志三》）马奶酒不仅是宴饮必备饮料，还是祭祀所用供品。"祭天马酒洒平野，沙际风来草亦香。"（《雁门集》卷六）"大驾留西内，兹辰祀典扬。龙衣遵质朴，马酒荐馨香。"（《近光集》卷二《立秋日书事五首》）

马奶酒的制作工艺并不太繁复，一般要分为两道工序。第一道工序，先取马奶。预先在地上竖起两根木桩，而后用一根长绳的两端系于木桩，木桩与绳索作为捆马驹的工具。马驹拴好后，带母马到马驹旁，先让马驹吸吮，使马乳通畅，随后将马奶手工挤入桶中。第二道工序，将马奶倒入一个大囊中，然后用一根底端粗大而挖空的特制木棒进行搅拌。搅拌的速度要很快，直至马奶起泡沫变酸，当出现辣味时，马奶酒便制作完成。

马奶酒作为一种饮料，与葡萄酒有相似的辣味。喝后，舌头上有杏仁汁的味道，胃里感到极为舒服，又非常利尿，多饮也能使人醉酒。蒙古语称马奶酒为"忽迷思"。马奶酒并非只有一种，还有几种更为名贵，如前文提到的麕沆。还有一种称为"哈剌忽迷思"，意为黑色马奶酒。这种酒"色清而味甜"（《黑鞑事略》），不带膻味，是上等名贵的马奶酒。酿造黑马奶酒，要比一般的马奶酒工艺复杂，搅拌奶的时间也要长很多。通过长时间的搅拌，奶中所有固体部分下沉到底部，这样，纯净的黑马奶酒才制作完成。元代皇室饮用的黑马奶酒专门由钦察人制作，这种酿酒的钦察人被称为"哈剌赤"。这种名贵的黑马奶酒，可能就是"行厨八珍"之一的玄玉浆。陶宗仪的《南村辍耕录·续演雅发挥》中说："玄玉浆，即马奶子。"玄字，《辞海》解释作"带赤的黑色，亦即谓黑色"。玄玉浆，即黑玉浆。元人常以玉浆称酒。如若是一般的马奶酒，则不会列入宫廷"行厨八珍"。元人耶律楚材写有《寄贾抟霄乞马乳》，诗云"天马西来酿玉浆，革囊倾处酒微香"（《湛然居士集》卷四）；以及元代诗人迺贤的《塞上曲五首》中有"马乳新挏玉满瓶，沙羊黄鼠割来腥"诗句，都是赞美马奶酒的名篇。元代学者刘因的《黑马酒》诗更胜过耶律、迺贤一筹，其诗云："仙酪谁夸有太元，汉家挏马亦空传。香来乳面人如醉，力尽皮囊味始全。千尺银驼开晓宴，一杯琼露洒秋天。山中唤起陶弘景，轰饮高歌敕勒川。"（《静修先生文集》卷九）刘因将黑马奶酒的传说、制作、味道及宴饮等描写得淋漓尽致。

在元代，葡萄酒也是很受欢迎的一种饮料。中国古代很早就有葡萄酒，王翰的"葡萄美酒夜光杯，欲饮琵琶马上催"诗句，反映了葡萄酒作为饮料受到的推崇。但是，王翰所饮的葡萄酒，应当还不是真正意义上的葡萄酒。元以前，葡萄酒的制法是用米和葡萄加酒曲混酿，还不是地道纯净的葡萄酒。

元代的葡萄酒，已经与前代有质的区别。当时的主要产地是畏兀儿的哈剌火州

元代盛葡萄酒的瓷瓶（内蒙古自治区察哈尔右翼前旗出土，内蒙古博物院藏）

元代的玻璃瓶（新疆若羌瓦石峡遗址出土，新疆维吾尔自治区博物馆藏）

（今属新疆维吾尔自治区吐鲁番），以及山西平阳（今临汾）、太原等地。曾到过太原的马可·波罗说："其地种植不少最美之葡萄园，酿葡萄酒甚饶。"（《马可波罗行纪》第396页）当时以"哈剌火者田地酒最佳"（《饮膳正要》卷三），驰名中外。哈剌火州原为中亚畏兀儿首领亦都护的领地，后归附元朝。畏兀儿是今天维吾尔族的祖先，其地所产葡萄酒很名贵。元宪宗蒙哥时，欧洲传教士鲁不鲁乞在蒙哥的宫廷中就看到过葡萄酒。南宋使臣觐见时，也在蒙古大帐中看到，"两次金帐中送葡萄酒，盛以玻璃瓶，一瓶可得十余小盏，其色如南方柿汁，味甚甜，闻多饮亦醉，但无缘得多耳"（《黑鞑事略》）。当时，装葡萄酒有用陶瓷罐的。目前发现传世的元代葡萄酒瓶很有特色。一般为黑釉陶瓷瓶，高43厘米，口径9厘米，底径9.3厘米，外形瓦沟状凸弦纹，口部刻有"葡萄酒"字样。

1978年，新疆维吾尔自治区若羌瓦石峡遗址出土几个高17厘米的玻璃瓶，上带有钮形盖，呈淡绿色半透明状。从玻璃体中存有的未熔物和气泡，可判断瓶为吹制而成。在遗址中还发现一些玻璃熔块和吹制废品，反映出玻璃瓶应当为当地制造的（《全国出土文物珍品选》第397图，文物出版社1987年版）。这种玻璃酒瓶，很可能就是南宋使臣见到的葡萄酒瓶。

元朝尚醖局、尚饮局不仅酿造马奶酒，还酿造葡萄酒。"酾官庭前列千斛，万瓮蒲萄凝紫玉。"（《清容居士集》卷十五《装马曲》）这里所谓"凝紫玉"的葡萄酒，当是"行厨八珍"之一的紫玉浆。元朝宫廷大宴，葡萄酒是必备的饮品。元诗人萨都剌《上京杂咏》诗云："一派萧韶起半空，水晶行殿玉屏风。诸王舞蹈千官贺，高捧蒲萄寿两宫。"诗中所谓的"蒲萄"，即葡萄酒。

葡萄酒与马奶酒相比，取材和制作难度较大，产量也较低。作为难得的珍品，皇帝常以此赏赐功臣勋贵。例如，至元十一年（1274），元朝镇国上将军、淮西行省参知政事塔出奉命攻南宋，"攻安丰、庐、寿等州，俘生口万余来献，赐葡萄酒二壶"（《元史·塔出传》）。元世祖忽必烈赏赐两壶葡萄酒以示嘉奖。中书左丞相史天泽统军攻南宋，进兵路上患病，忽必烈"遣侍臣赐以葡萄酒"（《元史·史天泽传》）。

当时葡萄酒的酿造，完全采取原始的手工方法。先摘取葡萄，铺在酒房的地上，然后用脚踩平，上面压上大木，盖上羊皮及毡毯等。酒房的地面要非常干净，须用砖石砌成，地下镶嵌酒瓮。经过半个月左右，见到葡萄上面压盖物降低，众人入室用力压挤，然后搬开上盖物，酒则已流满酒瓮。"取清者入别瓮贮之，此谓头酒。"而后踩平葡萄渣，进行第二

元代龙首柄银杯（内蒙古自治区敖汉旗新丘窖藏出土）

元代云柄银杯（内蒙古自治区敖汉旗新丘窖藏出土）

次酿造。这样反复经过三次，于是有头遍酒、二遍酒、三遍酒的区分。"上等酒，一二杯可醉人数日。"（《析津志辑佚·物产》）还有一种酿制方法：将葡萄放在竹器中，下放空盎（一种腹大口小的器皿），使葡萄汁流入盎中，然后经过熏制，成为美味佳酿（《遗山集》卷一《蒲桃酒赋并序》）。

元代民间饮用葡萄酒现象并不普遍，主要集中于大都、上都等都市。元代诗人对葡萄酒多情有独钟，因此元人的诗集中，常见有关饮葡萄酒的诗篇。诗人周权的《蒲萄酒》即很有代表性，其诗云："累累千斛昼夜春，列瓮满浸秋泉红。数宵酝月清光转，秾腴芳髓蒸霞暖。酒成快泻宫壶香，春风吹冻玻璃光。甘逾瑞露浓欺乳，曲生风味难通谱。"（《此山先生诗集》卷九）诗人何失的《招畅纯甫饮》中有"我瓮酒初熟，葡萄涨玻璃"诗句，提到饮自酿葡萄酒。诗人刘诜也自酿葡萄酒，他的《蒲萄》诗中有"露寒压成酒，无梦到凉州"诗句。天台人丁复在《题百马图为南郭诚之作》中有"蒲萄逐月入中华，苜蓿如云覆平地"诗句。从这些诗篇中可以看到，葡萄酒在元代文人心目中所占位置之高。

元代内地汉人大多喜欢饮用米酒。"彼等酿造米酒，置不少好香料于其中。其味之佳，非其他诸酒所可及。"（《马可波罗行纪》第380页）当时北方常用黑黍制酒，俗称糜子酒。黑黍为黏性稻米，造酒味甜，农家于丰年收获之后，自家酿造饮用。元人赵孟頫写有"黑黍可酿酒，在牢羊豕肥"（《元诗别裁集》卷一《题耕织图二十四首》）的诗句，指的就是这种米酒。北方草原上的蒙古人，"在冬季，他们用大米、小米、小麦和蜂蜜酿成一种极好的饮料，清澈如葡萄酒"（《出使蒙古记》第114页）。

元代已经可以酿造蒸馏酒（烧酒）。明人李时珍的《本草纲目》中说："烧酒非古法也，自元时始创其法。"元代有一种叫阿剌吉的酒，就是李时珍所说的烧酒。"用好酒蒸熬取露，成阿剌吉。"（《饮膳正要》卷三）阿剌吉，元人又译作扎赖机，源自阿拉伯语，意为出汗。出汗是一种形象的说法，即利用蒸气凝结的方式，而生产出蒸馏酒。元人朱德润作有《扎赖机酒赋》云："观其酿器，扁钥之机，酒候温凉之殊，甑一器而两圈，铛外环而中洼。中实以酒，仍械合之无余。少焉火炽既盛，鼎沸为汤。包混沌于郁蒸，鼓元气于中央。薰陶渐渍，凝结为炀。瀚渤若云蒸而雨滴，霏微若雾融而露瀼。中涵既竭于连爁，顶溜咸濡于四旁。乃泻之以金盘，

马可·波罗画像

吉林大安辽金时期白酒酿造作坊遗址出土的酿酒用地锅和砌灶石

金代酿酒用的蒸馏器

盛之以瑶樽，开醴筵而命友，醉山颓之玉人。"（《存复斋文集》
卷三）蒸馏酒的出现，反映了元代酿酒技术的水平之高。元人
贾铭《饮食须知》中谈到烧酒时说："烧酒味甘辛，性大热有
毒，多饮败胃、伤胆、溃髓、弱筋、伤神、损寿。有火证者
忌之。"

　　元代还有添加某种药物成分而酿造的药酒，种类有：虎
骨酒、枸杞酒、松节酒、茯苓酒、松根酒、五加皮酒、羊羔
酒、腽肭脐酒、枣酒、椹子酒等。元人喝药酒，主要目的是
养生与治疗疾病。

至迟在元代，中国人就已经掌握了蒸馏酒技术

元人对于酒已经有了较为全面的认识。当时，有人写的饮食著作中就认为："酒味苦甘辛，大热有毒，主行药势，杀百邪，去恶气，通血脉，厚肠胃，润肌肤，消忧愁，少饮尤佳，多饮伤神损寿，易人本性。"（《饮膳正要》卷三）

元代民间经营酒业的多是前店后厂式，名为糟坊、酒坊、酒肆或酒店。酒业有一套区别于其他行业的礼节。酒坊大门之上，绘制春秋战国的春申君、孟尝君、平原君、信陵君四公子画像，以示广揽八方客。门楼斗拱飞檐如宫殿形式，下围以红漆栏杆，两旁墙壁画有车马仪仗，或汉钟离、吕洞宾等道仙形象。正门前竖立山字形金字招牌。元代各地酒作坊很多，如江浙行省的丹徒县城有"酒坊三十四"，丹阳县城有"酒坊五十五"，金坛县城有"酒坊二十"（《至顺镇江志》卷二《地理·城池》）。大都城西宫后北街，"皇后酒坊前，都是糟坊"（《析津志辑佚·风俗》）。这些酒坊，都是权贵投资开设的。元顺帝至元初任丞相的马扎儿台，在通州开设"酒馆糟房，日至万石"（《庚申外史》）。据时人说："京师列肆百数，日酿有多至三百石者，月已耗谷万石，百肆计之，不可胜算。"（《牧庵集》卷十五《中书左丞姚文献公神道碑》）意思是说，大都的酒肆有上百座之多。上都也有很多酒肆，"滦水桥边御道西，酒旗闲挂幕檐低"（《次马伯庸尚书韵二首》之一）。杨允孚《滦京杂咏》诗云："卖酒人家隔巷深，红桥正在绿杨阴。佳人停绣凭栏立，公子簪花倚马吟。"说明当时上都酒馆门口有酒旗等标志。元人吴澄《题玉霄赠西山胡氏笔工》中有："一望茶坊酒肆中，壁上家家玉霄字。"（《吴文正集》卷四十八）元杂剧中有很多描写酒肆的情节，如王伯成《李太白贬夜郎》杂剧中有："小生却则酒肆之中，饮了几杯。"杨显之《郑孔

江西李渡元代烧酒作坊遗址

目风雪酷寒亭》剧中说，有人"在郑州城外开着一个小酒店儿"，"满城中酒店有三十座"。白朴《墙头马上》中有："谁识他歌台舞榭，甚的是茶房酒舍"，"这妇人决是娼优酒肆之家"。酒肆、茶坊也是节日里人们聚会的场所。如元旦，大都城"车马纷纭于街衢、茶坊、酒肆，杂沓交易至十三日"（《析津志辑佚·岁纪》）。

元代酒肆流通一种酒牌，可以与钞等值行用，甚至流通到社会上。延祐元年（1314）九月，中书省为此专门发布告示："近为街下构栏、酒肆、茶房、浴堂之家，往往自置造竹木牌子，及写帖子，折当宝钞贴爪使用，侵衬钞法。其酒牌止于本店支酒，不许街市流转，其余竹木牌子、纸帖并行禁断。"（《通制条格》卷十四《仓库·酒牌侵钞》）别的牌子禁止使用，而酒牌还可以使用，但仅限于用来买酒。

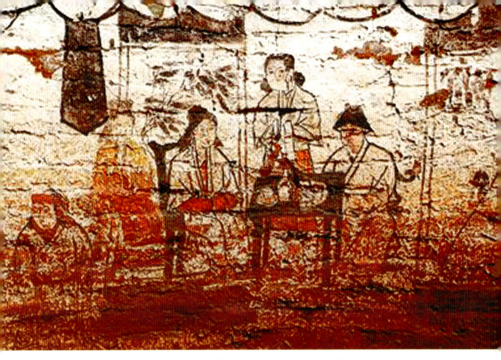

《夫妇对坐图》（山东章丘元代壁画墓出土）

画面中一男一女分坐桌子两侧，桌后立有一侍女，桌上有酒壶、杯子、碗等器具，男子身后和旁边，还绘着好像屏风式样的装饰物。

酒在元代是国家一项重要的财政收入来源，政府通过酒课征收赋税。如大都设有酒课提举司，掌控酒业课税。酒课征收的方式，以酿酒的粮食数额为计算单位。元代酒课不断地提高标准，造成酒价也越来越高。至元二十二年（1285）二月，元廷新订立的酒课标准是："随路酒课依京师例，每石取一十两。"（《元史·食货志》）当时就有人说，酒课高得不可思议。"江南糯米及所用曲糵等工本通仅七两，以七两工本而官先收十两和息，宁有此理！所以杭州、建康城里酒价不半月间，每瓶骤增起二百文，其他可类推也。"（《雪楼集》卷十《吏治五事》）酒课从最初的每石一两，数年间猛增到十两，可见酒课越来越重。据《元史·食货志》记载，每年酒课是"腹里，五万六千二百四十三锭六十七两一钱。辽阳行省，二千二百五十锭一十一两二钱。河南行省，七万五千七十七锭一十一两五钱。陕西行省，一万一千七百七十四锭三十四两四钱。四川行省，七千五百九十锭二十两。甘肃行省，二千七十八锭三十五两九钱。云南行省，贝二十万一千一百一十七索。江浙行省，一十九万六千六百五十四锭二十一两三钱。江西行省，五万八千六百四十锭一十六两八钱。湖广行省，五万八千八百四十八锭四十九两八钱"。

在元代，酒成为一种文化现象，浸透在人们的日常生活中。尤其是在文人的推波助澜之下，诗与酒，精神与物质，不分彼此，有机地融会在一起。元代学者刘因的诗句"浅酌微吟意自真，新诗改罢酒微醺"（《静修先生文集》卷九《浅酌》），就描写出酒与诗的交融。元曲家白朴有曲云："不因酒困因诗困，常被吟魂恼醉魂，四时风月一闲身。无用人，诗酒乐天真。"（《〔中吕〕阳春曲·知几》）可以说，如果没有了酒，元曲就会黯然失色。

铜瓶催火试新芽——
茶文化

中国很早就有关于茶的记载，但茶作为一种文化现象融入日常生活，当始于元代。在元人所著的《百花亭》、《玉壶春》、《度柳翠》等杂剧中，开篇常有一句台词是："早上起来七件事，柴米油盐酱醋茶。"说明茶已经成为元人日常生活的必需品之一。不仅早晨起床要喝茶，一生中都和茶打交道，甚至死后也要喝茶。元人的墓葬壁画中常有饮茶的描绘，如大同元代冯道真墓室东壁有一幅《道童送茶图》(《山西省大同市元代冯道真、王青墓清理简报》,《文物》1962年第10期),就体现了墓主人期盼在阴间饮茶的愿望。

元代的茶叶产地,主要在今浙江、江苏、福建、江西、四川、湖北、淮南、广南以及西藏、河北、山西的某些地区。元代茶叶的品种很多,较为著名的有:金子茶、江西末茶、范殿帅茶、雀舌茶、女须儿茶、西番茶、川茶、滕茶、燕尾茶、孩儿茶、温桑茶、芍药茶、纳实茶、茉莉花茶、橘花茶、莲花茶、滦水琼芽、啖山茶等多种。

元代茶叶的栽培和加工技术,也较前代有很大进步。茶的栽培,一般要有这么几个步骤:一是育种。在摘取茶籽后,将茶籽与湿土搅拌在一起,以草覆盖,等到来年二月再下种;二是选址。茶要种在适宜生长的地方,一般选择在坡地,易涝的低洼地不适宜茶的生长;三是种植。平地种植,两旁须修排水沟。选好址后,先挖出深一尺、宽三尺的土坑,坑内铺上粪土,每坑种六七十颗茶籽。种植后的第三年即可收获。此后,年年可以采摘。

元代茶叶的分类,是依据收获的时间和加工工序不同而划分的。当时,人们把茶叶分作三大类。一是茗茶,即茶芽;二是末茶。将茶叶焙干,上磨碾碎;三是蜡茶。选取上等茶芽碾碎后,添加冰片和香膏油,加工成饼状。产于庆元路(今属浙江宁波)的范殿帅茶、慈溪县(今属浙江)的雀舌茶,以及遍布江西、江浙的燕尾茶等,都是茗茶中的珍品,常作为贡品进献朝廷。产于湖州(今属浙江)的金子茶,是十分名贵的末茶。民间普通百姓喜欢饮用产于江西的末茶。蜡茶由于工序较为复杂,又附加了许多名贵香料,成本大增,因此饮蜡茶很奢侈,通常"充贡献,民间罕见之"(《农书》卷

山西大同元冯道真墓中壁画《道童送茶图》

内蒙古自治区赤峰元宝山
元墓壁画《奉茶图》

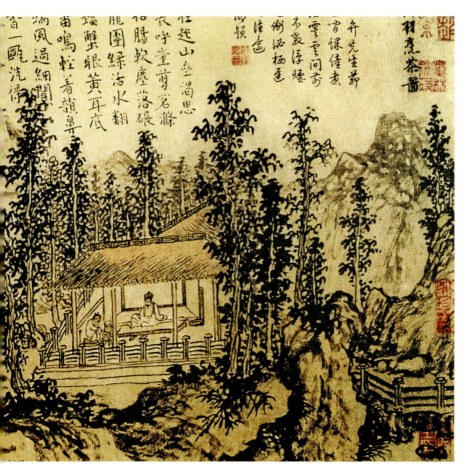

《陆羽烹茶图》（元赵原，台北故宫博物院藏）

十《百谷谱·茶》）。元朝宫廷饮用的名为"香茶"的茶叶，即是这种蜡茶。现转录一个当时流传的蜡茶制作配方，以此来了解这种名茶的珍贵：选白茶一袋，龙脑片三钱，百药煎半钱，麝香二钱，同研细，用香粳米熬成粥，和成剂，印作饼。经过这一道工序，普通的纯茶一跃成为身价百倍的香茶。福建也产一种团饼茶，但不添加香料。元人陈得和写有小令《［双调］落梅风·陶谷烹茶》云："龙团细，蟹眼肥，竹炉红

元代用于点茶的影青刻花执壶

元代景德镇窑青白釉僧帽壶（首都博物馆藏）

小窗清致。试烹来是觉风韵美，比羊羔较争些滋味。"形容的就是团饼茶。当时，茶叶加工有蒸、晾、捻、揉、烘、炒等多种工序，因加工工序不同，茶叶的等级也不同。如形如雀舌的雀舌茶，经过加工，可分为紫笋雀舌、先春雀舌、次春雀舌、探春雀舌等。

茶的产地不同，饮用的方式也不尽相同。产于吐蕃的西番茶，"出本土味苦涩，煎用酥油"（《饮膳正要》卷二《诸般汤煎》）。元朝皇室喜欢饮用的名为"兰膏""酥签"等茶，就是用产于湖州的金子末茶、玉磨末茶分别添加酥油所制成。这与元朝皇室崇信吐蕃佛教，受到吐蕃僧人的影响有关。元曲家李德载创作的《［中吕］阳春曲·赠茶肆》中有"茶烟一缕轻轻扬，搅动兰膏四座香"的曲句，所描写的就是饮兰膏茶的情景。这种价格极高的茶品，一般士人很难享用到。因此，李德载才有"金芽嫩采枝头露，雪乳香浮塞上酥，我家奇品世间无。君听取，声价彻皇都"的赞叹。

北方草原的蒙古人，喜欢喝一种叫作"纳石"的蒙古茶。元人杨允孚的《滦京杂咏》诗中有"毡房纳石茶添火"诗句，所描写的正是蒙古人在毡帐里饮纳石茶。据《饮食须知》所载："蒙茶性温，六安、湘潭茶稍平，松茗伤人为最。"塞北的蒙古人，还喜欢喝一种芍药茶。这种茶不同于江南的花茶，是直接采集芍药的芽叶，晾干泡水。元人袁桷有诗云："山后天寒不识花，家家高晒芍药芽。南客初来未谙俗，下马入门犹索茶。"（《清容居士集》卷十五《次韵继学途中竹枝词》）

元代较为常见的茶，还有茉莉花茶、橘花茶、莲花茶等，基本上属于用花香熏制而成的品种。这几种茶中，尤以

元代景德镇窑霁青单把杯盘（台北故宫博物院藏）

元代龙泉窑粉青釉划花撇口碗（中国国家博物馆藏）

莲花茶的熏制别有特色。现将熏制莲花茶的方法抄录如下（根据《云林堂饮食制度集》）：

> 早饭前日初时，去莲花池选择花蕊略开的莲花，用手指拨开，把茶叶放入花蕊，再用麻丝扎好。经过一昼夜，第二天早晨，摘下莲花，取出茶，用纸包晒。如此反复，经过三次莲香熏制后，莲花茶制成。然后，将茶放入锡罐中盛放，密封收藏，饮时取用。

元代用莲花熏制茶的方法，至今仍被茶农采用。中国名茶莲香碧螺春的制法，与元代莲花茶制作极为相似，只是工序上较莲花茶简单。莲香碧螺春的制作，是在饮用前一天的晚上，把碧螺春茶叶用桑皮纸包作小包，然后放置于莲花池里开放的莲花中间。第二天清晨，取出冲泡，喝后莲香沁人脾胃。

元代煎茶用水也很有讲究，一般要用所谓的活水，以"山泉水为上，江水次之，井水为下"（《农书》卷十《百谷谱·茶》）。元代御用的煎茶水，主要取自大都附近的西山玉泉水和京城东边的邹店井华水。玉泉水以"甘美，味胜诸泉"而名贵。井华水以"水味颇清甘"，煎茶"味色两绝"，名闻天下（《饮膳正要》卷二《诸般汤煎》）。井华水是出自邹店一口井中的水，井水既然被视为下等水，又如何会成为御用之水呢？这里面有这样一个故事。

至大初年，元武宗海山偕皇太后等，前往京东柳林畋猎，道经邹店，口渴想喝茶，传旨令随行大臣普兰奚、金界奴、朵儿只煎茶。几位大臣领命后，不敢怠慢，取出预先备的茶叶，却未带玉泉水。于是，连忙带领卫士四处找水，很快在附近找到几口井。几位大臣亲自品尝，发现其中一眼井水清甘甜，汲取煎茶奉上。元武宗饮后，感觉茶味特异。于是命人在井旁建盖观音堂，井上修造一座亭子，井周围砌起石栏，"刻石纪其事"。从此，井水被命名为"井华水"，成为大都皇宫御用水之一。后来还发现井华水有特异之处，"煎熬过澄莹如一常，较其分两，与别水增重"，并有药用效果，"主人九窍，大惊出血，以水噀面，即住。及洗人目翳，投酒、醋中，令不损败"。元人耶律铸写有《茶后偶题》，诗云："嫩

元赵孟頫的《斗茶图》

香新汲井华调，簪脚浮花碗面高。饮罢酒醒江上月，依稀瀛洲一游遨。"（《双溪醉隐集》卷六）这首诗正是赞誉用井华水煎茶的美妙效果的。元文宗时，曾任奎章阁鉴书博士的柯九思，写过《春直奎章阁二首》，诗云："旋拆黄封日铸茶，玉泉新汲味幽嘉。殿中今日无宣唤，闲卷珠帘看柳花。"（《草堂雅集》卷一）讲述的是他在奎章阁用玉泉水煎茶的情景。说明，当时西山玉泉水为皇宫煎茶用水是确凿无疑的。

元代饮茶方式，各地并不一致，大体分为两种。一是煎茶。煎是用水煮，将茶放入专用茶具铜质鼎、瓶中，加热煮沸饮用。元翰林待制兼国史院编修张起岩曾写有《煎茶》诗，其中有"小团汤鼎发幽馨"（《西岩集》卷八），即是记述用鼎煮茶的情景。元人程以文写有一首题为"煮茶汤鼎甚佳今依样成造"的诗，诗云："日铸新茶早得名，离离山骨泄云英。白金汤鼎刑模古，黄阁风炉制度精。"（《诗渊》第二册）讲的就是用鼎煮茶。元代诗人王沂的《芍药茶》中有"夜直承明清似水，铜瓶催火试新芽"（《伊滨集》卷十一）的诗句，说的是用铜制的瓶煮茶。此外，煎茶还有用石鼎和陶瓷器皿的；二是点茶。这种饮茶方式，与现代沏茶有类似之处。先将茶叶放入盏中，倒少许热水搅拌均匀，再加开水浇沏，并用茶筅搅动，使茶水起泡沫。

元代的城镇中，开设有专门经营茶饮的茶楼、茶坊、茶肆、茶馆等场所。马臻的《都下初春》中有"茶楼酒馆照晨光，京邑舟车会万方"诗句，记述了元大都开设茶楼的史实。通常经营茶馆的人精通茶品，都是行家里手，因此元人为其冠以"茶博士"的称谓。元杂剧中常有表现茶文化的场景，如关汉卿《钱大尹智勘绯衣梦》中有台词："自家茶博士，开了这茶坊，看有甚麽人来？""来到这棋盘街井底巷茶坊前，看有甚麽人来。茶博士，你替我唤茶三婆来!"茶坊开在街巷临街处，还经营茶点，包括蜜饯、煎汤、蜜冰水等。"则我这汤浇玉蕊，茶点金橙。对阁子提两个茶瓶，凉蜜水搭着味转增。南阁子里啜盏会钱，东阁子里卖煎敲冰。"说明茶在元代已经有了一整套茶道。

元代对茶的性能作用，已经有了较为全面的认识。《饮膳正要》里说："凡诸茶味甘苦，微寒无毒，去痰热，止渴，利小便，消食下气，清神少睡。"现代医学认为，酒后饮茶有害。元人早已经意识到这一点，"酒后饮茶，寒入肾经，令人腰脚膀胱冷痛，兼患水肿挛痹诸疾"（《饮食须知》卷五）。

茶在元代，已经成为"上而王公贵人之所尚，下而小夫贱隶之所不可阙"的生活必需品。同时，也是"民生日用之所资，国家课利之一助"（《农书》卷十《百谷谱·茶》）。茶是于国于民都有利的重要经济来源。由于茶的需求量不断增加，茶的产地也不断扩展，元代北方地区也出现了一些生产名茶之地。滦河流域的名茶"滦水琼芽"，就是其中一种很珍贵的茶。元真定（今河北正定）人王沂曾前往上京赴试，有幸喝到此茶，遂接连赋诗三首，其中有"滦水琼芽取次春，仙翁落杵玉为尘"（《伊滨集》卷十一《芍药茶》）诗句，盛赞这种茶品。当时，茶在边远地区同样也有销售。《黑城出土文书》中收录有元代亦集乃路（今内蒙古自治区阿拉善盟额济纳旗）遗址发现的茶叶包封用纸，说明茶叶作为商品已流入边远地区。

茶是元人日常生活的必需品，也被国家列入专卖物资的名单。因此，茶叶的生产与运销，完全由国家掌控。元朝政

黑城遗址

府在茶叶主要产地设立榷茶都转运司，下辖茶提举司，简称茶司，以管理茶叶的销售。"客旅贩茶货，纳讫正课宝钞，出给公据，前往所指山场，装发茶货出山。赍据赴茶司缴纳，倒给省部茶引，方许赍引随茶，诸处验引。发卖毕，限三日已里将引于所在官司缴纳，即时批抹。违限匿而不批纳者，杖六十。因而转用或改抹字号，或增添夹带斤重，及引不随茶者，亦同私茶断。仍于各处官司将客旅节次纳到引目，每月一次，解赴合属上司缴纳。"（《元典章·户部八》）用通俗的话说，茶商买茶前，要先到茶司缴纳钱款，茶司给予凭证，然后再到指定的茶场取货。茶户验明凭据，按照开列的数额交付。茶商取茶后，回到茶司换取茶引，才能够发售到各地。茶成为继食盐之后，又一项重要的税收来源。

茶已经成为元代饮食文化的重要标志，影响到千家万户的生活。同时，也为中国茶文化的发展起到重要推动作用。

元代的茶文化还远播海外，如日本的茶道就是由元代传入的"唐式茶会"发展而来的。

元人有所谓"五果为助"的说法，将水果作为食物的补充。因此，水果是元代饮食当中的重要组成部分。据《史集》第二卷记载：元大都城建成后，"从每个地方运来了各式各样的果树，栽植到了该地的花园和瓜园中。其中大部分结了果实"。大都果树很多，符合实际情况。元人胡助在京城看到过"瓜果饶夏实，枣梨绚秋红"（《纯白斋类稿》卷二《京华杂兴诗二十首》）的景象。元世祖忽必烈专门下诏："禁伐柑橙果树"（《元典章·户部九》），可见当时很重视果树的种植和保护。

果甜瓜香——元代的水果

元代北方常见的水果有西瓜、甜瓜、桃、杏、梨、柿、枣、石榴、樱桃、桑葚、葡萄等。南方多产柑、橘、柚、橙、荔枝、龙眼、香蕉、橄榄、杨梅、甘蔗等。甘蔗原主要产地是南方的福建、两广。元代北方也有地方开始种植甘蔗，如大都周围就曾种过甘蔗。《农桑辑要》中说："如大都天气，宜三月内下种，迤南暄热，二月内亦得。"梨、桃是南北都有的水果，据元人熊梦祥《析津志》记载，大都产的梨有香水梨、大梨，桃有络丝桃、麦熟桃、大拳桃、山红桃、鹦嘴桃、御桃、九月桃、冬桃等多种。（《析津志辑佚·物产》）马可·波罗说：杭州市场"常有种种菜蔬果实，就中有大梨，每颗重至十磅，肉白如面，芬香可口。按季有黄桃、白桃，味皆甚佳"（《马可波罗行纪》第533页）。《至顺镇江志·土产》中所列的果品种类很多，仅梨就有磬口梨、水蜜梨、消梨、青梨、芝麻梨、糜梨等。桃有御爱桃、红瓤离核桃、金桃、饼子桃、细叶红桃、水蜜桃、昆仑桃、毛桃等。这说明元代的水果品种很多。

宫廷和衙署是水果消费的大户，据《析津志》记载："六月进肴蔬果。京都六月内，月日不等，进桃、李、瓜、莲，俱用红油漆木架。蔬菜、茄、匏瓠、青瓜、西瓜、甜瓜、葡萄、核桃等，凡果菜新熟者，次第而进。"（《析津志辑佚·风俗》）以上主要说的是北方产的水果、蔬菜上贡的情况。元代

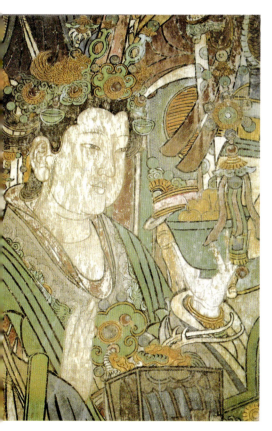

山西永济元永乐宫壁画中的水果

诗人迺贤《宫词》诗云："上苑含桃熟暮春，金盘满贮进枫宸。醍醐渍透冰浆滑，分赐阶前傈直人。"描写的是御花园桃子熟了，采摘后，经过加醍醐冰镇，赏赐给左右近侍。元人袁桷《上京杂咏》中有"宝鉴颁冰彻，筠笼赐果封"诗句，也提到皇上赏赐水果之事。元人杨维桢的《宫词十二首》中有诗云："熏风殿阁日初长，南贡新来荔子香。西邸阿环方病齿，金笼分赐雪衣娘。"（《杨维桢诗集》卷八）说到南方贡奉荔枝之事。每逢节日，水果也是必备的食品之一。如端午节，"光禄寺酒、

《青山红杏图》
（元马琬，天津
博物馆藏）

凉糕、蜜枣糕、粳米粽、金桃、御黄子、藕、甜瓜、西瓜，并同各大衙，并依上年故事"，"太庙荐新，果：桃、李、御黄子、甜瓜、西瓜、藕、林檎、李子"（《析津志辑佚·岁纪》）。就是说，按照每年的惯例，端午这一天，由光禄寺负责给宫中和大衙门配送节日饮食、果品等。

民间水果经营交易，一般通过集市、店铺、商贩等进行。元大都在和义门外、顺承门外、安贞门外等地都设有果市。南方有的地方还成立了专门经营水果的果行。

元代文人多喜欢石榴，并写有不少吟咏石榴的诗篇。如元人马祖常写有《赵中丞折枝图·石榴》，诗云："乘槎使者海西来，移得珊瑚汉苑栽。只待绿阴芳树合，蕊珠如火一时开。"（《石田先生文集》卷四）

江南所产的杨梅，也是很受欢迎的水果。元代张雨的《宴山亭·赋杨梅》词，生动形象地描写了人们品尝杨梅时的惬意，词云："鹤顶朱圆，丰肌粟聚，宝叶揉蓝初洗。亲斸翠柯，远赠筠笼，脉脉红泉流齿。骨换丹砂，笑尚带、儒酸风味。谁记。曾问谱西泠、绿阴青子。　　君家几度尊前，摘天上繁星，伴人同醉。纤手素盘，历乱殷红，浮沉半壶脂水。珍果同时，惟醉写、来禽青李。争似。为越女、吴姬染指。"

水果在元代还有不少加工方法，常见的是制成蜜饯和果膏、汤汁。蜜饯的制作，在元代取得较大发展。制作蜜饯，糖和蜜是不可缺少的添加物。元朝蔗糖技术和养蜂规模及取蜜方法都超过前代，从而为蜜饯的制作创造了条件。元朝政府颁行的《农桑辑要》中，有专门记述养蜂和制作蜜糕、蜜饯等方法的内容。元朝还设有蜜煎库，制作供皇室食用的水果和蜜饯等，并加工成可以饮用的蜜煎。"皆取时果之液，煎熬如饧而饮之。稠之甚者，调以沸汤，南人因名之曰煎。"（《局方发挥》）当时制作较多的果品蜜煎有木瓜煎、香圆煎、株子煎、金橘煎、樱桃煎、桃煎、小石榴煎等。

水果还可以制成膏羹食用，如荔枝膏、梅子丸等。果品汤汁的做法，除直接取汁之外，还用蜜饯和晒干的水果碾碎冲泡或煮水，或添加某些中药成分，制成一种特殊的果品饮料，如桂浆、杏霜汤、姜枣汤、白梅汤、木瓜汤、石榴浆等。

元代从国外传入一种名为舍儿别的水果饮料。舍儿别是波斯语sherbetde的音译，又作舍里别、舍利别等，后此语为蒙古语所借用。"舍里别，蒙古语曰解渴水也。凡果木之汁，皆可为之。"（《大德南海志》卷七《物产》）

元代宫廷喜欢将水果拌上醍醐、酥油等奶制品及冰水一同食用，这与后来的水果沙拉极为相似。

饮食卫生——养生保健

饮食卫生对于人的健康长寿至关重要。中国历代帝王都重视自身保养，希求通过食疗、食补和养生之术获得长寿。据《周礼·天官》载，当时王室设"食医"两名，专管宫廷饮食营养。此后，历朝均有类似制度及职官设置。中国传统的道家很讲养生之术，因此道士也常被帝王招至身边服务。蒙元统治者较前代尤为重视养生保健，成吉思汗身边不仅有医官负责典御膳，还将全真道人丘处机招至西征军前请教"长生久视之道"（《元史·丘处机传》）。丘处机回答说："有卫生之道，而无长生之药。"（《长春真人西游记》）

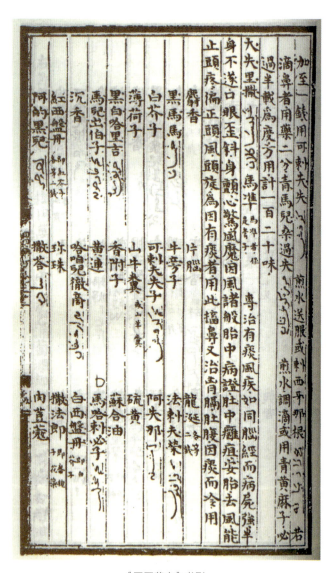

《回回药方》书影

《寿亲养老新书》书影

元世祖忽必烈更是"食饮必稽于本草"（《道园学古录》卷二十二《饮膳正要序》），设置执掌饮膳的太医四人，所用饮食成分"标注于历，以验后效"（《饮膳正要》卷首《忽思慧进表》）。

在这种氛围之下，元代的养生保健水平有了较大的提高。当时，介绍养生保健的著作不断出现，其中以丘处机的《摄生消息论》、李鹏飞的《三元参赞延寿书》、邹铉的《寿亲养老新书》、忽思慧的《饮膳正要》、贾铭的《饮食须知》最有影响力。前两种书属于道家类，内容主要是通过一些法术达到养生的目的，尽管提倡"节嗜欲、慎饮食"，但内容中仍带有许多荒诞的成分。正如《四库全书总目》评价《三元参赞延寿书》所说："鹏飞，至元间人，自称九华澄心老人，所言皆摄生之事。凡节嗜欲、慎饮食神仙导引之法、俚俗阴阳之忌、因果报应之说，无不悉载。其说颇为丛杂，要其指归，则道家流也。前有自序，亦称得之飞来峰下道士云。"(《四库全书总目》卷一四七《子部》)这种说法是很有道理的。无怪乎四库馆臣将其列入"道家类存目"。后三种书才真正属于营养保健学方面的著作。

福建泰宁人邹铉的《寿亲养老新书》，内容主要涉及老人养生保健方面的理论和实践。尤其是针对一年四季如何保养，书中都有专门的内容。例如，《夏时摄养》开篇说：

> 夏属火，主于长养，夏心气王，心主火，味属苦。火能克金，金属肺，肺主辛。其饮食之味，当夏之时，宜减苦增辛，以养肺气。心气盛者调呵气，以疏之顺之则安；逆之则太阳不长，心气内洞。盛夏之月，最难治摄阴气，内伏暑毒，外蒸纵意，当风任性食冷，故人多暴泄之患。惟是老人尤宜保护。若檐下过道，穿隙破窗，皆不可纳凉，此为贼风，中人暴毒。宜居虚堂净室、水次木阴、洁净之处，自有清凉。每日凌晨，进温平顺气汤散一服，饮食温软，不令太饱，畏日长永，但时复进之。渴宜饮粟米温，饮豆蔻熟水，生冷肥腻尤宜减之。缘老人气弱，当夏之时，纳阴在内，以阴弱之腹，当冷肥之物，则多成滑泄。一伤正气，卒难补复，切宜慎之。若须要食瓜果之类，量虚实少为进之。缘老人思食之物，

若有违阻，意便不乐。但随意与之，才食之际，以方便之言解之，往往知味便休，不逆其意自无所损。若是气弱老人，夏至已后，宜服不燥热、平补肾气暖药三二十服，以助元气。若苁蓉圆、八味圆之类……

内容还有很多。其中还有对老人要"日陪闲话，论往昔之事，自然喜悦"等。篇下有"夏时用药诸方"等目。目下根据不同症候，列举数条药方以备选用。邹铉的著作与其他营养保健著作最大的不同是：他的养生保健方法，不仅局限于食疗、食补，而且对人们的精神生活方面给予极大的关注。如"置琴"条说，弹琴和听琴对人的健康有益。他说："夫疾，生乎忧者也。药之毒者，能攻其疾之聚，而不若声之至者，能和其心之所不平。心而平，不和者和，则疾之忘也宜哉。奉亲者能琴，时为亲庭鼓一二操，亦足以娱悦，其意和平其心。""记事"条中说他的"曾祖南谷文靖公、叔祖朴庵提刑皆有日记"，他们的长寿，与常动脑有关。诸如，"储书""收画"等条，目的都是让人们通过爱好和提高精神品味，从而促进身心健康。邹铉为汉族人，书中选用了大量以猪为饮食原料的配方，如猪肚粥、猪蹄粥、猪蹄羹、煨猪肝及猪肾臛等，从中可以看出此书的特点。《寿亲养老新书》在饮食方面，更多的是记载汉族传统药用饮食方法，如仅"粥"一项，在卷三、卷四中，就收录植物的、动物的、草药的、矿物的等计有三十余种之多。

元代著名营养学家忽思慧是《饮膳正要》一书的作者。忽思慧作为回族人（一说蒙古人），其身份是服务于元朝宫廷的饮膳太医，他的关注点自然在皇室。《饮膳正要》成书之后，专门进奉给宫中供阅览。书中收录了不少蒙古族、藏族、阿拉伯特色的饮食配制方法，如在"聚珍异馔"节中就有涉及羊肉、羊骨、羊脏、羊血等食材的七八十种食谱。此外，书中还提到马奶、酥油、醍醐油、西番茶、回回豆子、回回葱、回回小油、阿剌吉酒等多种食物。他开出的长寿秘方是："食饮有节，起居有常，不妄作劳，故能而寿。"他进一步指出，人多半百而衰，主要是"饮食不知忌避，亦不慎节，多嗜欲，厚滋味，不能守中，不知持满"的缘故。他主张饮食要"先饥而食，食勿令饱。先渴而饮，饮勿令过"。认为饮食要适可而止，"饱则伤肺，饥则伤气"。他的养生理论，即使在今天看来，也有不少符合科学养生准则。

贾铭的《饮食须知》，也同样是营养保健方面的重要著作。他在《序》中说："饮食借以养生，而不知物性有相反相忌，丛然杂进，轻则五内不和，重则立兴祸患，是养生者亦未尝不害生也。"同样认识到饮食与养生之间的因果关系。元人对于饮食要洁净、防止病从口入的道理，已经有较为深刻的理解，明白"凡生果菜必净洗而后食"（《至正直记》卷二《生果菜》）。元朝皇宫司馔进酒食时，要戴口罩，以免气息弄脏食物。

元人在社会生活中，逐渐积累了许多饮食卫生方面的知识。下面引述数条出自元人史籍中的格言警语：

一、凡食讫温水漱口，令人无齿疾口臭；

二、食饱不得便卧，即生百病；

三、夜不可多食；

四、一日之忌暮勿饱食；

五、食饱勿洗头，生风疾；

六、食勿言，寝勿语，恐伤气；

七、莫吃空心茶，少食申后粥；

八、早皆忌空腹；

九、烂煮面，软煮肉，少饮酒，独自宿；

十、凡清旦刷牙，不如夜刷牙，齿疾不生；

十一、醉饮过度，丧生之源；

十二、醉不可当风卧，生风疾；

十三、醉不可饮冷浆水，失声成尸噎；

十四、空心饮酒醉必呕吐；

十五、如患眼疾人切忌醉酒食蒜。

以上摘录的元人关于饮食卫生方面的格言警语，如饭后漱口，讲究口腔卫生，早晨不要空腹，晚饭不可饱食，饭后不要马上躺下睡觉，饮酒不要过度，等等，都很有科学道理。

子女的健康与父母的生活习惯、饮食卫生有着一定的关系，元人对此也有较为正确的认识。《饮膳正要·乳母食忌》中云："若子有病无病，亦在乳母之慎口。如饮食不知避忌，倘不慎行，贪爽口而忘身，适性致疾，使子受患，是母令子生病矣。"当时流行的"酒饮过度，令人精薄无子""妊娠饮酒，令子惊痫""妊娠食冰绝产""不欲多怒，怒则气逆，乳之令子癫狂"等格言警语，说明元人不但重视自身的饮食卫生，而且意识到其对后代会产生影响。

元代是药膳发展的重要时期，人们试图通过食物加药材的方式，达到养生保健的目的。为了对元代药膳有直观认识，下面抄录几则元代药膳方面的食谱，以了解元人食疗食补的具体实施方法。

生地黄鸡：原料，生地黄半斤，饴糖五两，乌鸡一只。制法，先将鸡去净毛及内脏，细切地黄与糖拌匀，放入鸡腹中，上甑蒸熟，食之不用盐、醋。主治腰背疼痛，骨髓虚损不能久立，身重气乏盗汗少食。

鲫鱼羹：原料，新鲜大鲫鱼一条，洗净切作片，小椒末二钱，草果末一钱。制法，用葱三棵，熟加五味，空腹食用。主治久痔肠风，大便带血。

羊骨粥：原料，羊骨一副，全者捶碎，陈皮二钱去白，良姜二钱，草果两个，生姜一两，盐少许。制法，用水三斗，慢火熬成汁，滤出澄清，加米作粥。主治虚劳，腰膝无力。

猪肾粥：原料，猪肾一对去脂膜，粳米三合，草果二钱，陈皮一钱去白，缩砂二钱。制法，猪肾切碎与陈皮煮成汁，把渣子滤去，加酒少许，然后下米熬成粥，空腹食用。主治肾虚劳损，腰膝无力疼痛。

酸枣粥：原料，酸枣仁、米。制法，用水绞取枣仁汁，下米三合煮粥，空腹食用。主治虚劳心烦，不得睡卧。

马齿菜粥：原料，马齿菜、米。制法，马齿菜洗净取汁，和粳米同煮粥，空腹食之。主治脚气，头面水肿，心腹胀满，小便淋涩。

牛肉脯：原料，牛肉五斤去脂膜，切作大片，草果二钱、缩砂二钱、陈皮二钱去白、胡椒五钱、荜拨五钱、良姜二钱剁成细末。制法，牛肉和附件细末拌匀，加入生姜汁、葱汁、盐，腌二日，取出焙干作脯，随意食用。主治脾胃久冷，不思饮食。

炒黄面：白面一斤令焦黄，每日空腹用温水调一匙食之。主治泻痢、肠胃不固。

元代用冰冷藏食物的方法（山西广胜寺正北神龛西壁元代壁画）

画面中侍女正在准备用珠宝、水果及酒供奉水神。旁边有一大盆，盆内有一大块冰。

通过上面介绍的药膳能看出，元人已经对食疗的作用有了较明确的认识。同时，元人还认识到腐败变质等不卫生的食物会带来危害。当时流行的食物中的"不可食"如下：

一、浆老而饭馊不可食；

二、面有餲气不可食；

三、煮肉不变色不可食；

四、诸肉非宰杀者勿食；

五、猪羊疫死者不可食；

六、羊肝有孔者不可食；

七、鱼馁者不可食；

八、诸肝青者不可食；

九、木耳赤色者不可食；

十、海味糟藏之属或经湿热变损，日月过久者勿食。

元人对于食品的自然属性已有所认识，称其为"物性"，并根据食品的寒热等不同的物性与季节的变化，确定四季饮食构成。当时有冬宜食麦、夏宜食绿豆、秋宜食麻、冬宜食黍等说法。这正是根据物性原理，总结出来的生活常识。关于食物中毒，当时人们认为，食物有"性本毒者"，有的因为"杂合相畏相恶相反成毒者"，以及食物腐败而中毒者等。当人们不慎食用有害食物时，"伤腑脏和乱肠胃之气，或轻或重，各随其毒而为害"。解救方式，要"随毒而解之"，即要分析引起中毒的原因，如"食菜物中毒，取鸡粪烧灰，水调服之，或甘草汁，或煮葛根汁饮之，胡粉水调服亦可"。

元人在社会实践中积累了许多饮食卫生方面的知识，对于当时人们的健康和社会发展起到了一定的积极作用。某些饮食卫生经验，并未因为历尽数百年沧桑岁月而丧失其存在的价值。

尽教满酌大金钟——
餐饮器具

元代餐饮器具种类很多，从质地上大致可以分为六类：金银类器皿、玉质类器皿、陶瓷类器皿、玻璃器皿、木质漆器类器皿、皮制类器皿。兹分述如下：

金银类器皿 元代对餐具的使用，并非像服饰那样有严格的等级规定。只是规定庶人"酒器许用银壶瓶、台盏、盂旋，余并禁止"（《通制条格》卷九《衣服》）。但事实上，金银类器皿的使用，还是需要有雄厚的财力做支撑的。元代皇宫是

元代錾花高足金杯
（内蒙古自治区达尔罕茂明安联合旗大苏吉乡出土）

金银类器皿消费大户。在文献记载中，元代金银餐具的种类和数量很多，特点是形体厚重大气，纹饰简洁，如有精金大瓮、大金钟、镶嵌大盏、黄金酒海、精金大杓、金盏、金盘、银盏、银盆等。近年各地发现的多处元代金银窖藏，出土了大量的金银器，其中有不少餐饮器具。根据文献记载和实物，结合考察，人们对元代的餐具有了较为全面的认识。

从窝阔台（元太宗）时起，金银餐饮器皿开始成为宫廷重要的用具。朝廷管辖的金匠奉命制作各种餐饮器，"打造象、虎、马等兽形的膳具。它们被用来代替'蒙忽儿'（饮用的大碗）盛酒和盛马湩。在每一兽形器具前安置一个银盆；从那些兽形器具的口中流出酒和马湩并流入盆内"（《史集》第二卷）。当时，金匠已经能够制造具有简单自动装置的金银餐饮器。蒙哥（元宪宗）的大银树饮酒器，同样是一种带有简单装饰的自动饮酒器。

忽必烈时期，元代的金银餐具有了更大的发展，精金大瓮、大金钟、镶嵌大盏、黄金酒海、精金大杓等常见于中外史籍，这是前代难得一见的现象。酒海、酒瓮、盏、杓，从称谓上就能大致了解器形。作为酒器的大金钟，其实并不难理解。这种酒具，器形应当很大，就像倒置的一口钟，后世的酒盅极有可能就是从它演变而来的。张昱《辇下曲》中说："酉长巡觞宣上旨，尽教满酌大金钟。"黄金酒海、大金钟是蒙古族豪放性格的一种体现。

近年各地出土和博物馆收藏的金银餐具数量可观，有盏、盏托、碟、杯、碗、盘、瓶、壶、盆等多种。仅金银杯形制的就有槎杯、虾杯、蟹杯、单耳杯、金瓜杯、金高足杯、梅花式金杯、枝梗金瓜杯、高足雕花银鎏金杯、葵花式银杯、莲花式银杯、龟叶式银杯等。这些金银餐饮器皿，南方较为重视细部錾刻，而北方器物则在造型上更注重韵味。如元代如意云纹金盘，1959年江苏吴县元吕师孟墓出土，现藏于南京博物院。金盘四角像四个张开的蝴蝶翅膀，如意云纹装饰，中心是椭圆形盘子，靠近盘子四周，錾出细密的缠枝牡丹纹饰，采取锤揲和錾刻混合运用的工艺，非常精美。又如，内蒙古自治区乌兰察布地区出土的元代带把手金杯，花式口沿，沿外装有半圆形把手，杯底部平整，杯的底部与把手处都錾有牡丹等花卉纹饰。北京故宫博物院收藏有一件元代朱碧山制造的银槎杯，高18厘米，长20厘米，器形像一段老树杈，一位老者坐于树杈之上，左手扶槎，右手执书卷阅读，老者前方杯口上翘。这件银槎杯，先用白银铸成坯件，再雕刻人物和细部纹饰。尾部刻有"龙槎"两字，腹下錾有一首五言诗："百杯狂李白，一醉老刘伶。为得酒中趣，方留世上名。"这件器皿上刻有铭文"至正乙酉，魏塘朱碧山造于东吴长春堂中，子孙保之"。至正是元顺帝的年号，至正乙酉，即1345年。这件酒器是银器中的精品。

元代金银器皿，通常都带有金匠和店铺的名款。当时较有名气的金匠有朱碧山、谢君余、谢君和、唐俊卿等。另外，元代民间多用铜锅和铁锅熬制食物。

玉质类器皿　元代的玉质类饮食器具，文献记载和传世的并不多见，大致有酒瓮、樽、瓶、壶、杯等。曾安置于元大都广寒殿的渎山大玉海，是目前传世最大的玉质酒瓮。北京故宫博物院收藏有一件元代玉樽，高22.9厘米，口沿直径8.2厘米。玉质青灰兼有黄、黑色斑点，形状为扁方，两侧各有一兽头衔活耳环。玉樽颈部雕刻朵云纹和一条四爪腾龙，

元代云柄花口银杯

（内蒙古自治区巴林左旗辽上京博物馆藏）

元代如意云纹金盘

（江苏吴县元墓出土，南京博物院藏）

元代银槎杯

（朱碧山制造，北京故宫博物院藏）

腹部回纹地上雕刻弦纹、十字纹、云雷及王字图案。这是一件仿前代青铜器制造的玉樽,当属皇宫盛酒器具。元代玉质的餐饮器皿,一般多是器形硕大、粗犷刚劲、生动传神的,不以细节取胜。器物纹饰以花鸟龙鱼等动物较多。元朝在大都、杭州等地设有官办玉器作坊,专门提供皇室所用玉器。

陶瓷类器皿　元代陶瓷类餐饮器皿数量很多,出现了一些新的品种,在釉色和器形方面与前代相比有很大进步。其中釉里红、青花、青花五彩、霁青等,在陶瓷史上具有里程碑的意义。元代陶瓷类餐饮实用器,主要有碗、盘、杯、罐、樽、壶、坛等,以造型硕大、浑厚、端庄、装饰丰满为特征。当时主要生产陶瓷器皿的,有景德镇窑、磁州窑、龙泉窑、耀州窑、钧窑等。

元代釉里红器皿,是一种极具特色的瓷器种类。经特殊配料的瓷胎,经过窑变而形成带有红色的纹饰。釉里红餐具,以景德镇窑制品最著名。景德镇窑生产的釉里红蝻纹高足杯,体现了当时最高的技术水平。此器皿原为1980年江西高安窖藏出土,现藏于高安市博物馆。器皿制作工艺十分奇巧,杯底做长纽,上出横榫,套入竹节式高足内;高足上端收小,卡住横榫;杯身可在高柄上旋转不脱落。杯体青色,上面呈现红色装饰,似云霞状飘浮于青天之上。同一窖藏出土的釉里红芦雁纹匜,器形为圆形,广口,浅身,平底,一侧旁出长方形槽流。器皿底部有芦雁衔枝红色图案。匜是一种盥洗用具,与餐饮密不可分。

元青花,是在传统的青瓷和白瓷基础上发展起来的一种新品种。元朝工匠对青花瓷具有开拓性贡献。元代青花餐饮器皿传世和出土的数量很多,纹饰图案繁密,其中花卉、人

元代玉雁柄杯
（北京故宫博物院藏）

元代玉樽
（内蒙古自治区蒙元文化博物馆藏）

物故事、动物等图案较多。景德镇窑烧制的元青花高足碗和青花松竹梅纹高足杯、青花云龙纹盖罐等，都是元青花的标准瓷器。

元青花五彩器皿，也是元代餐饮器具中的一个重要品种。这种瓷器是釉下青花与釉上色彩结合的新产品。所谓五彩是泛称，其实远不止五种颜色，常见的有嫩黄、翠绿、草绿、墨绿、枣红、淡紫等。餐饮器皿多扁瓶、大罐，图案以龙凤、人物故事为主。

景德镇窑制造的一套霁青单把杯、盘，是元代霁青釉瓷器的代表作。这套瓷器现藏于台北故宫博物院。器皿的造型极有特点，杯身呈漏斗形，口沿宽广而底部窄小，侧旁有丁字形单把，手把向上斜出。盘子口沿外折而底部平坦。杯、盘口沿均镶一圈银色棱扣，通体施霁青釉，似蓝宝石的效果，杯心中绽开一朵梅花（参见《精彩一百——国宝总动员》，台北故宫博物院2011年版）。此外，河北保定出土的窖藏霁青碗，也同样为霁青釉瓷器皿中的珍品。

元代黑白釉餐饮器皿，工艺水平也很高超。如元内府黑釉坛，现藏于中国国家博物馆，是元代皇室内府存贮油、酒类的器皿。坛高48.6厘米，口径23.6厘米，圆口沿，短颈，广腹，平底。器内外通施黑釉，腹上部凸起白釉"内府"二字。坛体厚重，釉色泛光。又如，景德镇窑生产的卵白釉印花凤纹碗，1981年江西乐安县窖藏出土，现藏于乐安县博物馆。器形敞口，斜腹壁，瘦底，小圈足。碗内壁印花装饰，周边有回纹，底部有两只凤鸟纹饰。卵白釉瓷器是景德镇窑创制的一种新瓷。近年，我国重视水下考古工作，成立了水下考古工作队在沿海进行考古发掘，使一批随沉船沉入海底

元代釉里红缠枝菊花盏托
（青岛市博物馆藏）

元代景德镇窑釉里红高足杯
（江西高安窖藏出土，高安市博物馆藏）

元代景德镇窑青花缠枝菊纹高足杯
（江西高安窖藏出土，高安市博物馆藏）

元代景德镇窑青花云龙纹盖罐
（江西高安窖藏出土，高安市博物馆藏）

元代景德镇窑青花云龙纹盖罐
（江西高安窖藏出土，高安市博物馆藏）

元代青花新月折枝梅花高足碗
（河北博物院藏）

元代三彩刻莲花纹碗

（西安博物院藏）

元代龙泉窑青釉执壶

的瓷器重见天日。仅南海一号沉船，就发现数量可观的元代
瓷器，其中大部分是碗、盘、罐等餐饮器具。这些元瓷的发
现，为我们了解元代餐饮器皿提供了更加全面可靠的实物
资料。

玻璃器皿　元代餐饮器皿中，有一类是玻璃器皿。元
代玻璃生产，是在前代基础上发展起来的一个行业。据《元
史·百官志》记载："瓘玉局，秩从八品。至元十五年置。大
使一员。"瓘玉，亦称药玉，是一种仿玉的玻璃器。元代专门
设有掌管玻璃器皿制造的机构，说明当时宫廷已经开始使用
玻璃器皿。元代玻璃器，在江苏、甘肃、山西等地都有出土

元代"内府"黑釉瓷坛
（中国国家博物馆藏）

元代景德镇窑青白釉印花高足碗
（江西高安窖藏出土，高安市博物馆藏）

元代莲花形玻璃托盏

（甘肃漳县汪世显家族墓出土，甘肃省博物馆藏）

实物。1973年，甘肃漳县汪世显家族墓出土一套玻璃餐饮器具，其中有玻璃莲花盏、托盘等。盏通体呈七瓣莲花状，假圈足，底心略凸。托盘平折沿，为莲花形状，腹壁略向外展，底部平整。盏、托均为蓝色玻璃制品，十分精美。此器皿现藏于甘肃省博物馆。元代喝葡萄酒很盛行，有时会用玻璃制作装酒的酒瓶。当时，新疆地区不仅是葡萄酒的著名产地，也是玻璃酒瓶的产地之一。1978年，新疆维吾尔自治区若羌瓦石峡发现的制作玻璃器皿遗址，出土了几个用淡绿色半透明玻璃制造的酒瓶（《全国出土文物珍品选》第397图，文物出版社1987年版）。

木制漆器类器皿　元代木制漆器类器皿生产的规模远不如金银器和陶瓷器，因此文献记载和传世器具并不多见。据文献记载，忽必烈有一个盛酒的木樽——至元二十二年（1285），工匠受命制造大樽，樽以木为质，银内腔，而外

元代杨茂造花卉纹剔红樽

元代"广寒宫图"嵌螺钿黑漆盘残片（首都博物馆藏）

镂以云龙。这种木樽的内胎为银制，外面四周为木质，"高一丈七尺，贮酒可五十余石"（《南村辍耕录》卷二十一《宫阙制度》）。马可·波罗说：大都广寒殿，"殿中有一器，制造甚富丽，形似方柜，宽广各三步，刻饰金色动物甚丽"（《马可波罗行纪》第331页），所指的大概就是这种方樽。北京故宫博物院收藏有一件元代署名杨茂造的花卉纹剔红樽，木胎，腹大，短颈，樽口直径12.8厘米，高9.4厘米。口沿、肩部和底部饰有弦纹，外施朱漆首层，分层雕刻菊花、桃花、栀子、山茶、百合等花卉，不仅花瓣、花叶雕刻生动自然，连花的筋脉纹理都清晰可见。杨茂是元江浙行省嘉兴人，为当时著名的漆雕工匠。传世的还有一件署名张成造的栀子纹剔红圆盘，直径15.6厘米，现藏于北京故宫博物院。此盘敞口圈足，内外施黄漆作地，再上髹朱漆数道，盘中心雕刻一朵盛开的栀子花，枝茂叶盛，四朵花蕾含苞欲放。盘背面雕蔓草纹，底部刻有"张成造"字样。张成是元江浙行省嘉兴的漆雕名家。此外，1970年北京后英房元大都居住遗址出土一件"广寒宫图"嵌螺钿黑漆盘残片，现收藏于首都博物馆。此盘是螺钿镶嵌的木质漆盘，尽管是残盘，但仍能看出其工艺水平之高。盘中螺钿镶嵌出两层三间重檐歇山顶楼阁和其他建筑，旁边有梧桐、桂树及祥云缭绕，代表了当时漆器镶嵌工艺具备的高超水平。

民间木质餐饮器相对较多，主要有碗、盘、盆、盒、桶、杓、木匙等。大都城里普通工匠和经纪人家，"多用木匙，少使箸，仍以大乌盆、木杓就地分坐而共食之"（《析津志辑佚·风俗》）。而居民喜欢用"高丽椴子木刳成或旋成，大小不等，极为朴质，凡碗碟、盂、盏、托，大概俱有"（《析津志辑佚·物产》)。木质食盒，成为南北城市居民的常用器皿。木质食盒多为传送糕点和水果的用具，"红漆四方盒，有替者盛诸般果子，仍以方盘铺设案上。若官员、士庶、妇人、女子，作往复人情，随意买送，以此方盘不分远近送去。此盒可以蔽风沙，并可收拾，并远年之器"（《析津志辑佚·风俗》)。这种木质食盒可以常年使用，既卫生又不易损坏。近年各地还陆续出土了一些木质漆盘，反映了元代漆器器皿制造也有了一定的发展。四川地区还有"竹根酒注"，为竹制酒器，史载，"以竹根为酒注子，为时所珍"（《圣朝混一方舆胜览·巴州风土》)。

皮制类器皿　生活在北方草原的蒙古族，一直喜好用皮革制作餐饮器皿。皮革制品具有易于携带和不易破损的优点，因此很受流动性较大的人群的欢迎。元代蒙古牧民盛奶、酒、水等，基本上都用皮囊。鲁不鲁乞说：蒙古人"靠近屋门处，放着一条长凳，上面放着一皮囊的奶，或一些其他饮料和一些杯子"（《出使蒙古记》第114页)。元朝建立后，蒙古人用皮囊装饮料的习惯并未改变。草原牧民妇女大多自己缝制各种皮具，常用加盐的浓酸羊奶鞣制，使皮革柔软耐用。即使宰杀过的羊的胃也不丢弃，而是用来盛装奶油。

住

逐水草而居，是马背上的民族生活的习性。蒙古人长期生活在漠北草原上，从事游牧，因此，便于移动迁徙是其住宅形制的特色。

早期蒙古人，"无城壁栋宇"（《黑鞑事略》），居住的是穹庐，即毡帐，后人俗称蒙古包。这种居室是为适应游牧生活，"能够迅速拆开并重新搭起来"（《出使蒙古记》第9页）。

穹庐一般分为两种。一种是以树枝和细木棍为骨架，搭建成圆形，外面和顶部以毛毡覆盖，前面开有门，也是由毛毡制成，顶部形状如伞，中央留有一个圆孔，叫作天窗，为的是采光和使帐内炊烟散出。这种穹庐可以卷舒拆卸。另一种是先以柳木编织成硬圈，上面铺钉毛毡。这种穹庐不能卷舒拆卸，迁移时放在车上拖载。

穹庐一般用白色毛毡围盖，蒙古人喜欢在毛毡外涂上石灰或白黏土，从而使穹庐更洁白。这与"国俗尚白，以白为吉"（《元文类》卷五十七《中书令耶律公神道碑》）的习俗有关。

普兰诺·加宾尼曾见过蒙古大汗的妻子们，"都有用白毛毡制成的其他帐幕，这些帐幕相当大并很华丽"（《出使蒙古记》第63页）。元代曾到过上都（今内蒙古自治区正蓝旗）的汉族诗人杨允孚，看到这种形制的穹庐后赋诗云："白白毡房撒万星，名王酣宴惜娉婷。李陵台北连天草，直到开平县里青。"他还住过蒙古人的毡房，诗中说"夜宿毡房月满衣，晨餐乳粥碗生肥。凭君莫笑穹庐矮，男是公侯女是妃"（《滦京杂咏》）。据当时人描述穹庐形制说：穹庐顶部饰以各种美丽的图案，门口也时常悬挂绣着葡萄藤、树木、鸟兽等各种图案的毛毡。穹庐的规模大小不一，视其主人地位的贵贱而定。

内蒙古自治区乌兰浩特成吉思汗庙内东长廊壁画中的成吉思汗指挥作战的大帐

八思巴凉州觐见大汗图中的蒙古大汗帐幕（明代系列唐卡《八思巴画传》中一幅，西藏萨迦寺藏）

大者可以容纳数百人，须用三四头牛拖载，小者仅用一头牛就足够了。13世纪到过蒙古草原的旅行家鲁不鲁乞，曾看见二十二头牛拉一座毡帐，穹庐被牛拖载时人仍可以在其中坐卧。蒙古人到达水草肥美的地方，首先要安置穹庐，门一般要向南开。史载，"主人的床榻安置在帐内的北边。妇女的地方总是在东边。这就是说，当帐幕主人面向南方坐在他的床上时，妇女在他的左边。男人的地方在西边，即是在他的右边"（《出使蒙古记》第113页）。当男人们走进一座帐幕后，绝不能把箭袋挂在妇女一边。穹庐中有床、木桌和长凳等生活用具，也有无床只在地上铺设毛毡皮革的。墙壁上挂着毛毡制成的偶像，男女主人头上方位置各挂一个，被视为男女之人的兄弟，两个偶像之间的上方再挂一个偶像，视为整个穹庐的保护者。穹庐中央以石垒作炉灶，灶上置锅，燃料用马粪。张昱的《塞上谣》诗云："貂裘荆筐拾马矢，野帐吹烟煮羊肉"（《可闲老人集》卷二），形象地描写了塞外人们在穹庐里用马粪烧煮羊肉的情形。

蒙古大汗的宫帐称作斡耳朵。斡耳朵是蒙古语，又译作斡里朵、兀鲁朵、窝里陀等，为宫帐、宫廷之意。鲁不鲁乞说："一个富有的蒙古人的斡耳朵看来像是一座大的市镇，虽然在里面住的人很少。"（《出使蒙古记》第113页）波斯史学家拉施特在《史集》一书中，记述了窝阔台（元太宗）设在月儿灭怯土的住夏斡耳朵。他说："那里搭起了一座大帐，其中可容千人，这座大帐从来也不拆卸收起。它的挂钩是黄金做的，帐内复有织物，被称为'昔剌斡耳朵'。"（《史集》第二卷）昔剌，蒙古语意为黄色，昔剌斡耳朵即黄色宫帐之意。鲁不鲁乞在叙述拔都（钦察汗国的创建者）的斡耳朵时说："拔都有

《妇人启门图》中的房门（山东章丘元代壁画墓出土）
画面中一个妇人在两扇大红色的半开大门间露出半个身子，手里还提着一条鱼。

二十六个妻子，每一个妻子有一座大帐幕，另外还有其他的小帐幕，安置在大帐幕后面，供仆役们居住；每一座大帐幕，拥有足足二百辆车子。当他们安置帐幕时，正妻把她的帐幕安置在最西边，在她之后，其他的妻子按照她们的地位依次安置帐幕。因此地位最低的妻子把帐幕安置在最东边；一个妻子与另一个妻子的帐幕之间的距离，为一掷石之远。"（《出使蒙古记》第113页）

蒙古地区最初只是邻近汉地的个别部族才有"筑室而居"的现象，直到元朝建立以后，蒙古地区特别是漠南地区，蒙古人居住的房屋才有所增加。但是，尽管如此，蒙古草原上的人们仍以穹庐为主要栖身之所。即使是进入内地的蒙古人，对穹庐仍情有独钟。在内地发现的蒙古人墓室中，有一些墓形作圆形，或近似圆形的六边形、八边形等，穹隆墓顶正中往往留有一小孔。这种形制，显然是受到蒙古穹庐的影响。如山东章丘元代砖雕壁画墓、陕西蒲城洞耳村元代壁画墓等，均为这种形制。

城郭与庐帐的对决——因住宅引起的战争

在13世纪的蒙古人看来，帐居野处、冬夏迁徙的习俗天经地义。从一代天骄成吉思汗创建大蒙古国到蒙哥汗，几代蒙古领袖都未改变老祖宗的这种传统习俗。这是偏居草原一隅孤陋寡闻，没有领略过都市的繁华、走入过令人心醉的富丽堂皇的宫阙所致吗？非也！数十年间，成吉思汗和他的继承者们，率领蒙古铁骑，踏遍了东起黄海、西至多瑙河的广大欧亚大陆。异地的繁华，并不能使蒙古人流连忘返，战后的蒙古大汗，总是带着战利品——财富和奴隶，返回自己的住地漠北草原。

从历史发展的角度来分析，这是与落后的奴隶制游牧生产方式相适应的。正如马克思所指出的："这样做是适合于他们的生产畜牧的。大片无人居住的地带，是畜牧的主要条件。"（《马克思恩格斯全集》第9卷第247页）随着社会历史的发展，蒙古人走进了封建的门槛，城市建设和居住的改变，就自然而然地

位于蒙古国哈拉和林的成吉思汗行宫

提到了蒙古统治者的议事日程上。

　　首先改变大汗留居和林（今蒙古国哈拉和林）帐居野处的习俗，而定居汉地建宫阙的，是元世祖忽必烈。

　　早在蒙哥统治时期，忽必烈以藩王身份受命总领漠南汉地军政事务，便开始在桓州以东、滦水以北的龙岗建开平城（今属内蒙古自治区正蓝旗）、筑王宫，抛弃四处迁徙的马上生活。开平城的修建，标志着边疆游牧民族国家开始向中原封建王朝转化。然而，正当忽必烈筹划进一步推行汉法，即采用中原封建统治方式的时候，却被"自谓遵祖宗之法，不蹈袭他国所为"的兄长蒙哥解除了军权。眼看一场同室操戈的历史悲剧又要重演，汉人谋士姚枢遂向忽必烈献策说："帝，君也，兄也；大王为皇弟，臣也。事难与较，远将受祸。莫若尽王邸妃主自归朝廷，为久居之谋，疑解自释。"（《元史·姚枢传》）忽必烈听从姚枢之计，带着王妃赶往汗庭负荆请罪。蒙哥听到忽必烈携家室来见，更怀疑其居心不良，下令忽必烈单独入见。兄弟见后，剑拔弩张之势才有所缓解。蒙哥虽未进一步追究，但对忽必烈所设的安抚、经略、宣抚、行部等机构悉数罢黜。

忽必烈眼睁睁看着苦心经营的改革成果付诸东流。谁知天无绝人之路，1259年，蒙哥在亲征四川时，死于钓鱼城下。此时正在鄂州（今湖北武昌）的忽必烈，趁机东山再起，直趋开平。次年春，即位称帝，正式建元中统。中统，即中原统治之意。

忽必烈画像

钓鱼城遗址

元代大都和义门瓮城遗址

忽必烈这种不在蒙古本土、不经忽里台（全体宗亲的选汗大会）选举，擅自称帝的做法，引起了留守和林的弟弟阿里不哥的强烈不满。于是在守旧宗亲贵族的拥戴下，阿里不哥在阿尔泰山即汗位。

忽必烈与阿里不哥经过四年争夺汗位之战，以阿里不哥失败告终。鲁迅先生说过："改革自然常不免于流血。"（《鲁迅全集》第3卷《华盖集续编·空谈》）忽必烈"变通祖制"、采用"汉法"的改革，经过血与火的洗礼之后得到进一步发展。忽必烈决心抛弃传统以和林为营地、帐居野处的蒙古习俗，派太保刘秉忠营建新都。至元四年（1267），在华北平原西北端，原金中都东南部，以琼华岛为中心，正式修建大都城，作为皇室的居住地。

忽必烈的做法，再一次引起了守旧蒙古贵族的强烈不满。至元六年至七年间，西北藩王遣使至朝廷兴师问罪："本朝旧俗与汉法异，今留汉地，建都邑城郭，仪文制度，遵用汉法，其故何如?"（《元史·高智耀传》）为此，双方不惜兵戈相向。

在整个忽必烈统治时期，北边坚持游牧经济的诸王一直未停止过对抗。影响较大的诸王叛乱，有海都叛乱、昔里吉叛乱、乃颜叛乱等多起。连年的战争使元朝西北、北部边地动荡不安。忽必烈一方面派兵征讨，一方面又不敢在改革之路上走得太远，从而使元朝保留了大量的蒙古旧俗。反映在住宅等建筑方面的是，元代无论在形制、材料、装饰方面都较前代有所变化，体现出一种蒙汉结合的特点。

大安楼阁耸云霄——元上都的宫阙

元朝在两个地方建有宫阙，以此作为皇帝的居住和办公之所。一是上都，即原开平城（今属内蒙古自治区正蓝旗）。忽必烈即位后升为都城，称为上都。另一个是大都（今北京市）。上都宫阙今已不存在，遗址目前被列入世界遗产名录。大都宫阙也遗存寥寥，现存的北京故宫为明清所建，与元朝的宫阙毫无干系。俗话说，盛地不常，盛筵难再。我们只能通过翻阅历史文献去追寻旧迹，再现元朝宫阙的壮丽。

传统的中原王朝基本上是一国一都制，元朝统治者为什么要在两地建立都城宫阙呢？这与游牧民族风俗有着千丝万缕的联系。"遇夏则就高寒之地，冬则趋阳煖薪木易得之处以避之。"（《秋涧集》卷一百《玉堂嘉话》）随气候的变化逐水草迁徙是游牧民族的习俗。即使做了皇帝，也仍执着地不改旧时的习惯，这正是蒙古人的天性。

元代上都遗址航拍图

哈剌和林城遗址

元上都宫殿建筑遗址

　　蒙古大汗窝阔台（元太宗）的斡耳朵（宫帐），一年四季的迁徙之地是："春天所在之处是哈剌和林的四周，夏天是月儿灭怯土草地，秋天所在之处是距哈剌和林一日程的兀孙-忽勒附近的古薛纳兀儿之地，冬天则为汪吉。"（《史集》第二卷）不像中原王朝的皇帝，一年四季蜗居在铜墙铁壁似的宫城里，过着足不出宫的生活。

　　每年夏季来临，元朝皇帝都要到上都避暑，举行蒙古传统仪式和进行射猎等活动。随行人员除仪卫之外，还有负责处理政务的大臣，所谓"大驾岁巡幸，中外百官咸从，而宗王、藩戚之期会，朝集冠盖相望"（《道园学古录》卷十八《贺丞相墓志铭》）。上都是不折不扣的元朝皇帝行都。

　　上都宫阙目前仅存遗址，据史籍所载和当代的发掘报告得知，宫城基本上为正方形，南北长620米，东西宽570米，东、西、南三面有门，分别称为东华门、西华门、御天门，而未设北门。宫城用青砖包镶，四角有城楼。宫殿建筑并非取中轴线相互对称，而是自成一体。主要宫殿有大明殿、洪禧殿、水晶殿、睿思殿、穆清殿、清宁殿、崇寿殿、仁寿殿、棕毛殿等几十座，称为阁的建筑有大安阁、奎章阁、统天阁等多座，亭榭更是多不可数。整座宫阙金碧辉煌，巍峨壮丽。

营建上都宫阙，其艰难程度远胜于内地。由于地势较低，排水不畅，形成草甸沼泽，需要在填湖垫泽后建造宫殿，这绝非易事。波斯史学家拉施特《史集》中描绘的当时建宫殿的过程，令人叹为观止。他说：忽必烈"与学者和营造师们商量，他应在何处另盖一座宫殿。全体一致认为，最好的地点是开平府城旁草地中间的一个湖……人们用石灰和碎砖把那个湖和它的源头填满；熔了很多锡进行加固。在升起达一人之高后，再在上面铺上石板。因为水被封锁在地心中了，

元上都遗址出土的汉白玉螭首

它就从另一方面冲到另外的小草地上，流出了泉水。在那石板上面，建造了一座中国风格的宫殿"（《史集》第二卷）。元人袁桷的著述中，也有在泉水之上建宫殿的记述。据他所说：当时，"殿基水泉涌沸"（《清容居士集》卷十六《华严寺》诗注），用万枚木桩楔入加固，耗资巨万，可见工程之浩大。甚至不惜千里之外取材，营造宫阙。上都大安阁，就是"取故宋熙春阁材于汴，销损益之，以为此阁"（《道园学古录》卷十《跋大安阁》），即拆取河南开封原宋朝宫殿的建筑材料，运至上都修建大安阁。

大安阁是上都宫阙的主要建筑，位于宫城北部。至元三年（1266）十二月建成后，元朝皇帝登极、临朝、议政等许多重大事宜都在这里举行。元成宗、武宗、天顺帝、文宗、顺帝等即位的仪式，就是在大安阁举行的。元人周伯琦有

元上都遗址（今属内蒙古自治区正蓝旗）

《咏大安阁》诗云："层甍复阁接青冥，金色浮图七宝檐。当日熙春今避暑，滦河不比汉昆明。"（《近光集》卷一）不长的一首七言诗，将大安阁的风貌和历史描绘得淋漓尽致。

上都宫阙是汉蒙建筑风格结合的产物。从整体建筑布局来看，基本上是由两大建筑群组成。一是以大安阁、洪禧殿、水晶殿、睿思殿、穆清殿等为主体的建筑群，仿效汉族传统宫阙形制；一是以伯亦斡耳朵等为主体建筑，被称为棕毛殿，采取蒙古族风格修建。即使是仿汉制建筑，其内部结构和装饰也多为蒙古传统风格。汉蒙两种风格建筑艺术，巧妙地融为一体，构成了上都宫阙建筑的特色。

至正十八年（1358），元上都宫阙被农民起义军关先生、破头潘部攻占并毁弃。元军虽于起义军撤走后收复上都，但昔日壮丽的宫阙，已成为狐兔出没之所。在起义军的打击下，元朝处在风雨飘摇之中，再无力大举修复上都宫阙。从此，"大安楼阁耸云霄，列坐三宫御早朝。致是太平无事日，九重深处奏箫韶"（《元宫词》）的盛景一去不返，元帝上都巡幸之举宣告结束。

广寒宫殿近瑶池——
元大都的宫阙

大都的宫阙规模和建筑水平，都是上都不可比拟的。上都没有皇城，而大都由外城、皇城和宫城组成。皇城坐落在大都城南部的中心地带，城墙称萧墙，周围20里，城门为红色，因此时人俗称"红门阑马墙"（《故宫遗录》）。进入朝南正门灵星门二十步左右，一条金水河横卧于前，河上跨有三座白石桥。其桥明莹如玉，名为周桥。桥

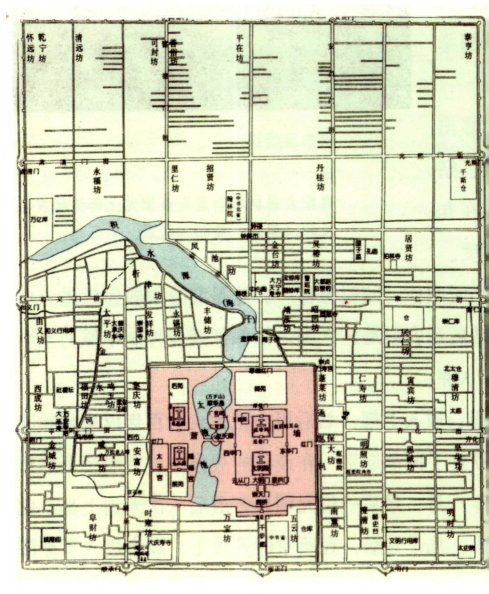

元大都平面示意图

上雕刻龙凤祥云，桥下四条玉龙腾云驾雾直入水中。过桥再往北走是宫城。

　　宫城呈长方形，周围九里三十步，四角有楼，四面有门，正面南向三门，其余各一门。宫前是宽阔的广场，左右为千步廊。宫城内殿阁亭榭数不胜数，错落有序，并无杂乱无章之感。主体宫殿建在南北中轴线上。按照宫殿建筑布局，分为南部与西部两部分。南部以大明殿为主要建筑，西部以兴圣宫和隆福宫为主体建筑。

阿尼哥设计建造的妙应寺白塔

大明殿又称长朝殿，是皇帝登极，过正旦、寿节与朝会的场所。大明殿由正殿、柱廊、寝殿、香阁等组成。正殿中并设帝、后所坐七宝云龙榻，即宝座。寝殿东面为文思殿，西侧是紫檀殿，后为宝云殿，几座宫殿周围环绕一百二十间廊屋。宝云殿后面，是以延春阁为主体的北部建筑群。延春阁东有慈福殿，西有明仁殿。近处有钟楼、鼓楼，周围有回廊房屋环绕，四隅建角楼。

皇城西部的兴圣宫和隆福宫，主要是皇太子和皇太后居住之所。兴圣宫以兴圣殿为主体建筑，隆福宫以光天殿为核心建筑。两殿也都是由寝殿、香阁、柱廊等组成。内部装饰均为"文石甃地，藉花毳裀悬朱帘，重陛朱阑涂金雕冒楯"（《南村辍耕录》卷二十一《宫阙制度》）。各设御榻、坐床，垫褥齐备。两殿周围都有许多配殿和楼阁亭榭。

宫殿之壮观，当首推万寿山上的宫殿群。万寿山，又称万岁山，金代原名琼华岛。这里原有一座金朝所建的宫殿，金亡后遭毁弃。元朝定都大都后，在此重修一组宫殿，仍袭用原址广寒殿名称。新殿坐北朝南，"东西一百二十尺，深六十二尺，高五十尺"（同上），建筑面积达七百余平方米。殿中放置有五山珍御榻、渎山大玉海、玉假山等。广寒殿建于山顶之上，凭借山势，显得气势磅礴，雄伟壮丽，"一殿一亭，各擅一景之妙"（同上）。山下是碧波粼粼的太液池，山水辉映，绿树金殿，宛如仙境。太液池中置有龙舟，水中广植莲藕，每逢莲花绽放、莲蓬结子，宫女乘舟采莲，鲜花、美女、湖水、歌声构成了一幅美丽的画卷。元人王蒙有诗云："南风吹断采莲歌，夜雨新添太液波。水殿云廊三十六，不知何处月明多。"（《日下旧闻考》卷三十二《宫室》）

太液池鸟瞰图

在大都的皇城和宫城内建有几处御苑，供帝、后、太子等赏玩游幸。太液池西岸建有西御苑，东岸有御苑名灵圃，皇城内厚德门北有后苑。几处御苑都建有殿、亭、榭、柱廊、假山、小桥、流水，是极好的休闲之所。

大都城南郊还有两处皇帝的行宫，一处在南海子，俗称"下马放飞泊"。此处是专门为皇室营建的一处适合捕猎的场所。建筑有高丈余的晾鹰台、幄殿及七十二座石桥，以便行猎。另一处在柳林，此处水面和林木面积很大，天鹅、野兽众多。这里建有呼鹰台和宫室，供皇室狩猎寻欢。

元顺帝妥欢帖睦尔不但享用已建成的宫殿园林，而且喜欢自己设计建房，"造作不已"。"帝尝为近幸臣建宅，自画屋

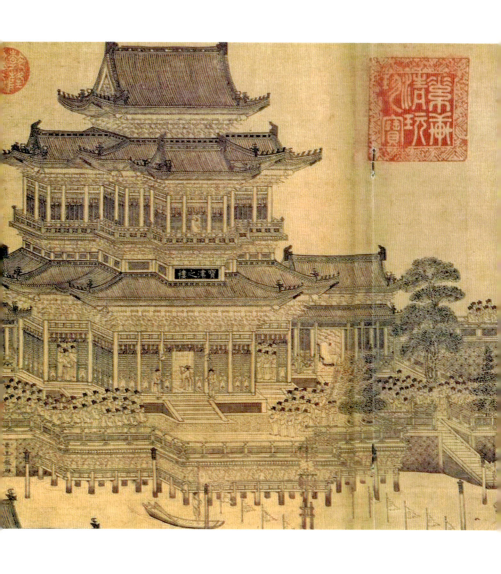

元王振鹏《龙池竞渡图卷》中的宫殿建筑群

样，又自削木构宫，高尺余，栋梁楹槛，宛转皆具。付匠者按此式为之，京城遂称鲁班天子。"（《庚申外史》）顺帝亲自绘制房屋设计图，并做出房屋模型，这说明当时的建筑设计已经达到了一定的水准。

元代的文人墨客对于大都宫阙的宏伟都有吟诵，尤以柯九思、迺贤、萨都剌、揭傒斯、杨维桢、周伯琦、张昱等人的传世作品为佳。揭傒斯的《京城闲居杂言八首》其一云："都城列万雉，楼观并飞霞。太液深荡漾，广寒高嵯峨。"（《揭傒斯全集》卷三）寥寥数语，描绘出了大都的盛况。迺贤的《宫词八首》其一云："广寒宫殿近瑶池，千树长杨绿影齐。报道夜来新雨过，御沟春水已平堤。"用瑶池表现大都宫阙，意境则更深刻。

元大都宫殿建筑形式是仿传统汉制，但也杂糅许多蒙古、藏、回、畏兀儿等民族的建筑艺术。在建筑材料、技术和装饰等方面，元代都有新的创造。宫殿平面基本采用工字形，用一道柱廊连接殿与宫。元宫殿大量采用黄、绿、蓝、青、白等色彩斑斓的琉璃材料。某些宫殿，如盝顶殿、畏兀儿殿、棕毛殿等，基本上是蒙古、畏兀儿等少数民族建筑艺术形式的反映。许多宫殿内部布置，大都带有蒙古毡帐风格。凡木料裸露之处均用丝织物遮盖，室内墙壁装有壁衣，地上铺有地毯，喜欢用金貂银鼠皮缝制帐褥，殿内入门处陈设酒桌和酒瓮，等等，这些都带有游牧民族的色彩，与历代迥异。更与传统封建王朝大相径庭的是正殿并设帝、后座位，帝、后同受百官朝拜，沿用了蒙古斡耳朵制度。总之，元代宫殿建筑与前代相比，有其特有的风格。

早期蒙古国在和林建立都城，元朝建立后，采取两都（大都和上都）巡幸制，和林就不再作为都城了。但在武宗时期，还曾经出现过一座都城——中都。这座都城从开始建设到被撤销都城之名，前后不足四年。元武宗为什么在已有两都的情况下还要再建造一座都城？其中的原因如何，史籍中没留下任何只言片语，中都建设之谜需要留给后人去破解了。元中都宫阙在元末被红巾军焚毁。如今，其遗址作为全国重点文物保护单位，附近建有元中都博物馆，收藏元中都遗存的宫殿构件等文物。这为了解元中都宫阙的建筑情况提供了实物资料。因此，能够利用文献并结合遗址发掘资料，对元中都宫阙做一些考察和复原工作。

大德十一年（1307）五月，武宗海山即位于上都，不久就筹划建中都。据《元史·武宗本纪》记载：同年六月"甲午，建行宫于旺兀察都之地，立宫阙为中都"。武宗选择旺兀察都（今属河北张北）为中都城的城址，并仿效大都、上都形制建造。随后，紧锣密鼓地开始了一系列建都工作。首先成立工程指挥部，由中书省工部的派出机构行工部在现场主管宫阙的营建。从各地征调工匠和民夫从事宫阙修筑，并调动侍卫亲军参与中都宫阙的建设，前后动用了四万余名卫兵。至大元年（1308）七月，"旺兀察都行宫成"（同上）。宫城建成后，又开始建皇城和中都外城，直到至大三年（1310）底，中都城内附属设施尚未彻底竣工。至大四年（1311）正月，武宗突然病死，其弟仁宗即位，随即"罢城中都"（《元史·仁宗本纪一》）。虽然中都及相关机构被撤销，但是宫阙仍

在。以后的皇帝还有人到此巡幸过。

元中都由宫城、皇城、外城三重城组成。宫城是皇帝、后妃等的生活区，处于三重城的最里面，以中轴线布局设计。宫城为长方形，周长2360米，四面设有城门。宫城中心建有大殿，为宫城的主要建筑，平面呈工字形。主殿坐北朝南，进入大殿有三条路，中间是正对宫城南门的御道，两侧是文武百官上朝的通道。御道的斜坡铺设方形龙纹砖，其余为花纹砖。大殿东西两侧，还修有斜坡踏步。主殿由阅台、前殿、中殿、后殿和长廊组成，四周还有其他殿堂等建筑，自内向外扩展，形成排列整齐的建筑群。大殿屋顶铺琉璃瓦，大殿墙体为砖石结构，木质梁柱门窗，汉白玉雕栏、螭首等随处可见。根据考古发现，宫城南门为三观两阙三门道梁柱结构。宫城东、南、西三面均铺设有青石条砌成的水道，这与大都建城先铺设下水道方式一致。皇城四方形，面积约80万平方

元中都遗址

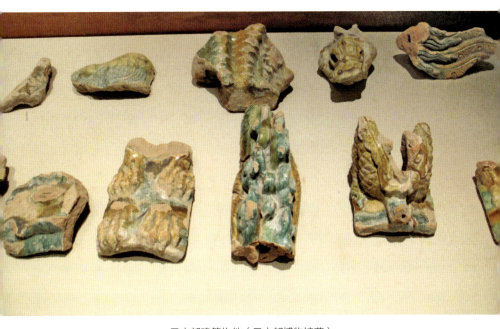

元中都建筑构件（元中都博物馆藏）

元中都遗址汉白玉螭首（元中都博物馆藏）

元中都水门遗址

元中都遗址

元中都遗址宫城复原图（模型，元中都博物馆藏）

米，同样四面有城门，四隅有角楼。外城的城垣，即元中都最外面的一道屏障，由夯土筑成，四面设门。目前，外城的三座城门遗址已经找到。待进一步考古发掘之后，元中都的整体面目会更加清晰。

武宗三十岁驾崩，如果假以时日，中都不仅不会被撤销，还将会彰显其灿烂辉煌的一面。虽说历史不能假设，但武宗要将中都建成与上都、大都地位相当的都城的意图是不容置疑的。这就回到了前面所提出的建中都的原因。这还得从史籍中寻觅蛛丝马迹。据姚燧《牧庵集·皇帝尊号玉册文》中说：武宗由上都而南，"还跸龙兴，徘徊太祖龙旗九斿，劂金于斯，肇基帝业，为城中都"。意思是说，武宗从上都南还大都时，来到隆兴路的旺兀察都之地，这里曾是太祖成吉思汗征伐金朝时重创金军而成就帝业的战场，于是在此建中都。元武宗建中都，既有纪念先祖成吉思汗开国之意，更重要的是对于一个年仅二十余岁的皇帝来说，想要树立权威、留下政绩，建都是最能满足其虚荣心的捷径。这大概是元武宗不顾众臣的反对，而执意建中都的原因所在。

侯王甲第五云堆——王府侯门

元代王府并未留下地上完整建筑，文献记载也不多见。但是，从零散的资料和遗址的发掘中，也能看到王府的规模，感受到其宏伟。

窝阔台（元太宗）时期，修建和林城和皇宫，并授命为皇子在皇宫四周建造诸王府邸。从此，元代历朝皇子皇孙都不再住流动的斡耳朵，开始修建固定的王宫居住。

忽必烈称帝前，最初在开平修建的是王府；称帝后，才升开平为上都。马可·波罗曾在他的行纪中叙述了安西王府的规模。安西王名忙哥剌，是忽必烈的第三子，后进封秦王。马可·波罗说：王府方圆十六里，高墙环绕，筑有墙垛。墙内是瑰丽的花园，有许多清泉和溪水点缀。园中饲养飞禽走兽。花园中央耸立着雄伟的王宫，大理石砌成的殿堂和楼阁，装饰着图画、金箔，并配上最美的天蓝色。构造整齐匀称，堂皇华丽的程度，简直无以复加。马可·波罗看到的是建成的安西王府，他并不了解安西王府的建造过程。

据史料记载，至元九年（1272）冬十月，忽必烈"封皇子忙哥剌为安西王，赐京兆为分地，驻兵六盘山"（《元史·世祖本纪四》）。次年，又"诏安西王益封秦王，别赐金印。其府在长安者为安西，在六盘者为开成，皆听其为宫邸"（《元史·诸王表》）。可见，当时忽必烈同意忙哥剌在长安（今陕西西安）和六盘山（今属甘肃）两地建造王宫。建于京兆的安西王府，前后修建三年，由时任京兆路总管和府尹的赵柄督造。姚燧早年曾任秦王府文学，对安西王府的修建较为了解，他说："至元九年，诏立皇子为安西王，以渊龙所国国之。明年，至长安，营于素浐之西。蟉殿中峙，卫士环列，车间容车，帐间容帐，包原络野，周四十里，中为牙门，讥其入出。故老望之，眙目怵心。赍咨啧啧，以为有国而来，名王雄藩，无有若是吾君之子威仪盛者。"（《牧庵集》卷十《延厘寺碑》）虽然寥寥数语，但传递出的信息并不少。一是"营于素浐之西"，即位置在素浐河（今浐河）以西；二是"蟉殿中峙"，即王宫大殿建在整座王城的中心部位；三是"周四十里"，说王城的周长有四十里；四是"名王雄藩，无有若是吾君之子

丰乐楼图页（元夏昶，北京故宫博物院藏）

元人楼阁图页（辽宁省博物馆藏）

《青山画阁图》（元人，上海博物馆藏）

威仪盛者"，指的是安西王府建筑规模无与伦比。

后人正是依据姚燧之语，找到了安西王城遗址（马得志《西安元代安西王府勘查记》，《考古》1960年第5期）。据今人勘查，元代安西王城遗址距西安东北大约六里，邻近浐河。城为长方形，周长约五里。王宫居中，有东、西、南三门。城四角为圆形，恰似一座巨大的穹庐。王府是一座传统汉制与蒙古建筑风格相结合的产物。

忙哥剌另一处王府在六盘山附近。据史料记载："至元十年，皇子安西王分治秦、蜀，遂立开成府，仍视上都，号为上路。"（《元史·地理志三》）六盘山秦王府，由于大德十一年（1307）八月壬寅发生一次强烈地震，震坏王宫及官民房屋，压死秦王妃也里完等五千人，大部分建筑已被毁坏。清代时，六盘山还"上有清暑楼，元安西王所建"（《读史方舆纪要》卷五十八"固原州六盘山"条）。

元代诸王也多在自己的辖地建有府邸。建于河西的昌平王府，几乎与安西王府同时兴建，是窝阔台之孙、阔端之子只必帖木儿永昌王的府邸，周长七里。汪古部主术忽难进封赵王后建王府，俗称赵王城（今属内蒙古自治区达尔罕茂明安联合旗阿伦斯木古城），今遗址尚存，城为长方形，东西长约960米，南北宽约580米。四周建有城墙，四面都有城门、瓮城和角楼。古城遗址尚存有多处，仍可以窥见当年的雄姿。忽必烈之女囊家真公主嫁与弘吉剌部主，驸马封鲁王后建应昌城（今属内蒙古自治区克什克腾旗）。城为正方形，东、西、南三面开设城门，街道呈十字形。鲁王府坐落于城中心，四周高墙环绕。院落前后三重，建筑物依次排列，东西约半里，南北近一里。今遗址城墙、殿宇夯土台基和汉白玉柱础

《民物熙乐图轴》（无人，辽宁省博物馆藏）

仍清晰可见，并散落着大量玲珑砖石和黄绿琉璃碎块，反映出当年的辉煌。元人杨允孚有咏应昌城诗云："东城无树起西风，百折河流绕塞通。河上驱车应昌府，月明偏照鲁王宫。"（《滦京杂咏》）其中描述的正是当年应昌鲁王府的情景。

元代王府建筑富丽堂皇，王侯生活极尽奢侈。杨允孚《滦京杂咏》诗云："侯王甲第五云堆，秦虢夫人夜宴开。马上琵琶仍按拍，真珠皮帽女郎回。"形象地揭示了王侯住宅的巍峨和生活的豪华。

官员住宅

元代的官员任职一方，衙署是办公兼居住的场所，通常还要另辟有眷属居住之地。元朝对于官员使用或建造公廨、私房、租房等方面，都有一定的制度规范。

元代衙署，上至中书省、行中书省，下至路、府、州、县，遍布全国。元代中央一级的衙署设在大都，主要有中书省、枢密院、御史台以及下属机构。中书省衙署设于皇城北面的凤池坊内，俗称北省。元廷一度还设立了专司财政的尚书省，设于皇城南面的五云坊内，俗称南省。南省衙署布局是大门南向，牌匾高悬。进门后，院中大正厅五间，东西有耳房，"宽广高明，锦梁画栋，若屏障墙"，"画山水林泉，灿然壮丽"（《析津志辑佚·朝堂公宇》）。大厅后为直舍穿廊五间，四周种植树木花草。穿过直舍，有正堂五间，耳房在东西两旁。除此之外，还有多处下属机构用房，如断事官厅、参议府厅、左司厅、右司厅、左右提空掾史幕司厅、架阁库等五十多间房舍。枢密院、御史台等官衙规模，不比中书省逊色多少。

大都城新建之时，忽必烈"诏旧城居民之迁京城者，以赀高及居职者为先，仍定制以地八亩为一分。其或地过八亩及力不能作室者，皆不得冒据，听民作室"（《元史·世祖本纪十》）。用通俗的话说，就是以八亩作为一份宅基地，听任市民自行建房。但是，职级高的和财大气粗者优先。因此，离皇城近和交通便利的地段多被高官占有。于是，中央机构级别较高的官员的住宅，大多集中在大都皇城东靠近丽正门处。这里处于城中心，而且离皇宫近，便于上早朝。史载，"西宫后北街，系内家公廨，率是中贵人居止。每家有阍人，非老即小，自朝至暮司职，就收过马之遗。皇后酒坊前，都是糟坊。各处名望绾，凡栉不间，于内多有产次。此地别无他经

云南大理城门

现存的大理城，是明洪武十五年（1382）改建后的格局。

纪"（《析津志辑佚·风俗》），即紧邻西宫的北街，几乎都被在宫中任职的高官占据。马可·波罗说：大都"城内外皆有华屋巨室，而数众之显贵邸舍，尚未计焉"（《马可波罗行纪》第358页），说明当时的大都城中豪宅很多。但是，也有比较廉洁的官员占房很少。如元世祖时官至中书右丞相的安童，"所居堂宇朴陋，厅厨之外，余无所构。或请建东西庑者，公曰：'屋可以蔽风雨足矣。我闻人辛苦置田宅，适以资不肖子之用耳，吾不为也。'"（《元朝名臣事略》卷一《丞相东平忠宪王》）当时安童家住大都乐安里，其宅第仅有一堂一厨而已。

皇帝一时高兴，还常常赏赐官员宅第。如世祖至元三年（1266）八月，"赐丞相伯颜第一区"（《元史·世祖本纪三》）。又

《西郊草堂图》（元王蒙，
北京故宫博物院藏）

如高昌人撒吉思参与平定李璮之乱有功，"世祖赐京城宅一区"（《圭斋文集》卷十一《高昌偰氏家传》）。

地方官员的住宅，也大多集中在市中心。《至顺镇江志》中记有当地官员的住宅分布状况，可以使我们大致了解地方官员的居住布局。镇江属路级建制，称镇江路总管府，隶属江浙行省，管辖一司三县。在镇江市区有房产的，不仅有本路官员，还有不少是其他地方的官员。如本路总管脱因住宅在小围桥东，本路达鲁花赤斡鲁欢牙里住宅在竹竿巷，本路副达鲁花赤薛里吉思住宅在夹道巷，本路治中相镇的宅院在

元代官员的住宅（山西永济无永乐宫壁画）

东利涉门里，万户胡鲁不花住宅两处，一处在夹道巷，一处在小围桥西。此外，斜桥、狮子门、还京门、鹤林门、大市、石达桥、文昌巷、皇祐巷桥、仁和坊、南寺巷、通吴门等处，有二十多位中央和地方官员的房产，如元都水监罗璧、丞相塔海、行户部尚书辛仲实、江浙行省平章政事忽剌出、江浙行省参政忽哥儿、浙东道廉访使岳烈、吏部尚书塔失不花、两浙盐运使马剌丁、浙东宪司副使木八剌、云南金宪范震、江浙行省郎中万嘉闾、平江路同知扎马剌丁、广教同知八剌、江西行省会昌知州康济等。

高官显宦之家，多在大门外设置铁铸或汉白玉石雕刻的狮子一对，如同官衙一样显得很威严。住宅布局一般为传统的前堂后寝，堂寝两侧并有偏院，院落周围有廊屋。房屋样式多为悬山式。高官豪华的宅第一般都是数重院落，建筑上也是雕梁画栋。房屋之间设有隔扇门，如大眼隔扇、双交四碗镶橄榄球纹隔扇等。室内陈设极为讲究，珍珠、玛瑙、玉器、文玩、字画以及金银酒器、漆器家具等生活用品十分精美。显贵之家还喜欢在进大门处"多作皮帽屋，以其似皮帽之制也"（《析津志辑佚·风俗》）。房子样式似皮帽，这大概是元代豪门的一大特色。

元代各路、州衙署房屋的形制、规格等方面都有一定的规定。路的衙署，正厅一座五间，七檩六椽；司房东西各五间，五檩四椽；门楼一座，三檩两椽。州衙正厅一座，五檩四椽，并附设东西耳房各一间；司房东西各三间，三檩两椽。县衙正厅一座，五檩四椽，没有耳房，司房与州衙相同。（《元典章·工部二》）然而，各地衙署的实际情况并非一致，大者有房五十余间，小者十余间，极个别的还有多达百余间者。

《具区林屋图》（元王蒙，台北故宫博物院藏）

《山居纳凉图》（元盛懋，美国纳尔逊–阿特金斯艺术博物馆藏）

通常衙署前后三重院落，两旁还有跨院。前院正堂为发布政令及审案之处，左右两庑是属员办公场所。中院多为架阁档案库、仓房等。后院是主官的官邸，两旁跨院为属员住宅。当时的住宅特点是，大城市一般是官员办公场所与家庭住宅分处，而较小的城市，多前院办公后院居住。

城市中心地块被众多的衙门和贵族、勋臣占据，因此，郊外风景名胜之地成为官员选择建造别墅的理想之地。如中书平章政事畏兀儿人廉希宪的别墅，就建在南城外的万柳堂。据《南村辍耕录·万柳堂》载："京师城外万柳堂，亦一宴游处也。"说有一天，廉希宪约卢挚、赵孟頫等人在这里喝酒，并即席赋诗云："万柳堂前数亩池，平铺云锦盖涟漪。主人自有沧洲趣，游女仍歌白雪词。手把荷花来劝酒，步随芳草去寻诗。谁知只尺京城外，便有无穷万里思。"直到清代，廉希宪在万柳堂的别墅仍在。《日下旧闻考·郊坰》中云："万柳堂在府南，元廉希宪别墅。"元詹事院詹事张九思也建有别墅，"别业绕堂花竹水石之胜，甲于都城"。元断事府参谋赵鼎"于城东村有别墅，构亭曰瓠瓜，故人称曰赵参谋瓠瓜亭"。至于蒙古勋贵，不仅住房往往超过规定面积，而且宅院、花园也占地很多。诗人杨维桢有诗云："前朝太师宅，基撤万民庐。"（《铁崖先生古乐府》卷四《太师宅》）反映了封建社会住宅方面的等级差别。

元朝有官员迁转的规定，至元二十八年（1291），"定随朝以三十月为满，在外以三周岁为满，钱谷官以得代为满，吏员以九十月日出职，职官转补，与职官同"（《元史·选举志三》）。因此，官员并非常任一地，两三年就会迁调。这样就存在着不可能在任职之地都买房居住的情况。元

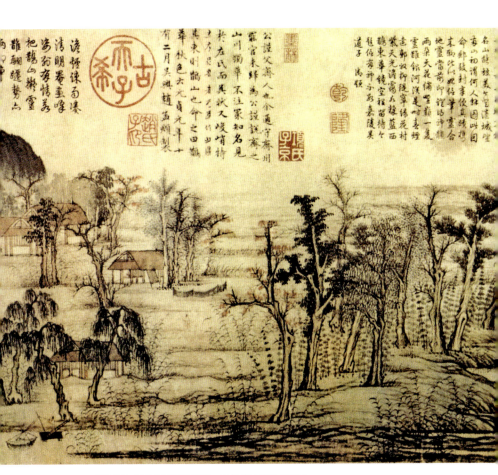

《鹊华秋色图》（元赵孟頫，台北故宫博物院藏）

朝对此的解决办法是，通过官府掌握一部分"公廨"，即"系官房舍"，提供给官员在任职期间居住。当时，工部发布文告云："腹里除诸衙门廨局院房舍，申准上司明文，方许标拨及各官自来相沿交代元任官房外，其余系官宅院房舍，召人赁住，获到房钱逐旋解纳。如有损坏去处，估计合用工物，申覆合干上司，体覆完备，于赁房钱内就用修补。"意思是说，中书省管辖的腹里（山西、山东、河北）公房，一部分作为官员的迁转房，另一部分用以出租，所得房钱用于公房的维修。

江南地区的公廨来源，主要是接收原南宋各级机构用房和逃亡官员的住宅。至元二十三年（1286）七月，浙西道按察司上报的一件公文云："本道所辖八路，系官房舍甚多，皆是亡宋时官员廨宇及断没、逃避房屋。"这些收来的公房，就成为迁转官员的临时官邸。"江淮等处系官房舍，于内先尽迁转官员住，分坐明标附，任满相沿交割。"（以上引文均见《元典章·工部二》）官员居住公廨要有一定的手续，离任后要交出公房，以便新官上任后再居住。公廨在官员任内免费居住，不交任何费用。

城市民居

元代城市民居较为复杂，北方、南方以及边疆地区差别很大。城市的规模和住户也相去甚远。当时大都、杭州、泉州、广州等地，已成为世界闻名的大都市，而边地的亦集乃路等城市规模却很小。大都基本上是在金中都的基础上重新规划修建的，有"都城十万家"的

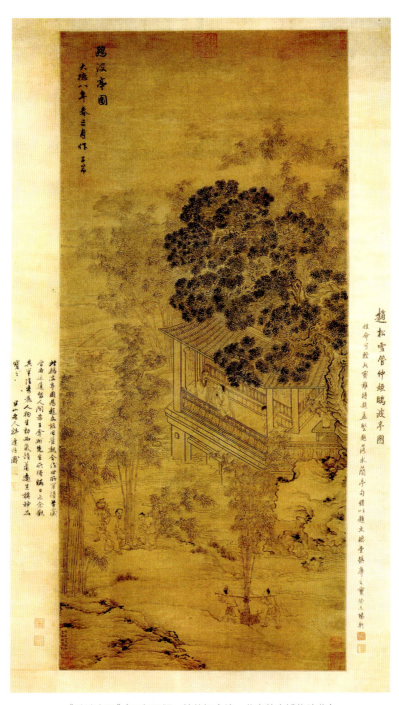

《鸥波亭图》（元赵孟頫、管仲姬合绘，北京故宫博物院藏）

由元朝时来中国的阿拉伯人修建的泉州清净寺

说法。而杭州则为原南宋的都城，入元后杭州城基本上得到完整保留，并在此基础上扩展兴建。泉州和广州，则是靠港口发展起来的城市。还有些地区在新建制设置后，才开始逐步发展起来。由于对外交流发展，大批的外籍人员来华并定居，因此也带来国外风格的住宅建筑。如泉州，聚集了许多信奉伊斯兰教的阿拉伯人，因此当地出现不少伊斯兰风格的建筑。不仅在泉州，杭州也有回族人建的住宅，和林还有回回街。

大都居民区采取坊制的管理办法，全城被划分为五十个坊，坊与坊之间并无高墙阻隔，而以街道为界。富户与贫

老北京的四合院

北京后英房元代居住遗址出土的建筑构件

民住房面积相差很大。元人民居遗存极少，20世纪60年代末70年代初，考古学家在北京后英房和雍和宫后身发现两处完整的元代上等人户的住宅遗址。后英房住宅有很大的庭院，分为主院和东、西两个旁院，整个院落东西宽度约70米。主院正中偏北，由三间正房和东、西两挟屋（耳房）组成五间北房，正房进深13.47米。五间北房建在平面略呈凸字形的砖台基之上，台基高约80厘米，台基前接矮于台基4厘米的高露道。正屋前轩两侧台基下各砌一道踏道，由踏道下去后为砖砌的露道，露道各通向东西两角门。角门两侧筑南北向的围墙。角门连接两个旁院。东院南、北房各三间，每间面阔均为3.72米，进深4.74米。南、北房之间，用三间柱廊连接，形成一个工字形平面。工字形建筑的两侧，建有东、西厢房各三间。如果将中央柱廊去掉，东院的平面就与明清时代北京的四合院非常相似。所以，这种建筑形式无疑是四合院的前身（《北京后英房元代居住遗址》,《考古》1972年第6期）。

雍和宫后身的居住遗址，三间北房是主要建筑物，建于砖台基之上。房间为两明一暗，中心间面阔4米，进深5.42米；西暗间面阔3.75米，进深7.08米。两明间的后檐墙向内收1.66米，形成两间后厦，这是前所未见的形式。北房前面有一方形砖月台，月台前用砖砌出十字形高露道，通往东、西厢房和南房（《元大都的勘查和发掘》,《考古》1972年第1期）。

元代城市住宅大都为砖瓦房，较大的住宅外建门屋，内有正厅、旁室、寝室，基本上采取四合院形式。平江一带中产人家住宅，正厅通常"安置匡床、胡椅、圆炉、台桌"（《草木子》卷三《克谨篇》）。

元大都四合院建筑遗址复原图

元杂剧中也常有对上等民居的描述。如张国宾的《合汗衫》，讲述了张义一家悲欢离合的故事。剧中说，张家在开封经营解典铺，居住的是"大院深宅"，"一座高楼"。从开当铺和居住条件看，张家当属开封城里的上等人家。

元代江南市民住房的贫富差距，并未因改朝换代而发生根本性的变化。除了元廷派遣的官员，原南宋官员基本上都被留用。富豪仍楼堂耸立，普通市民屈居陋室。"江南三省所辖之地，民多豪富兼并之家，第宅居室、衣服器用僭越过分。"（《元典章·刑部十九》）马可·波罗曾到过杭州城，他记载到："城中有一大湖，周围广有三十哩，沿湖有极美之宫殿，同壮丽之邸舍，并为城中贵人所有。""在此城中并见有美丽邸舍不少，邸内有高大楼台，概用美石建造，城中有火灾时，移藏资财于其中，盖房屋用木建造，火灾时起也。"（《马可波罗行纪》第526页）马可·波罗记述的元代杭州住宅多木制建筑，符合当时杭州的实际情况。而环境好的地段多被富豪占据也是实情。据陶宗仪说："杭州荐桥侧首，有高楼八间，俗谓八间楼，皆富实回回所居。"（《南村辍耕录》卷二十八《嘲回回》）杭州高楼林立，"民庐比栉如栉"（《始丰稿》卷二《晏居记》）。元曲中也有反映杭州居住密集的现象。如关汉卿《［南吕］一枝花·杭州景》中云："百十里街衢整齐，万余家楼阁参差，并无半答儿闲田地。"元代不仅杭州的房屋建筑鳞次栉比，像温州这种不大的城市，也同样民居密集。"温城环十八里，居者二万家，甍连栋接，簇簇若蜂房，只尺空隙地不易得。故各为重屋以处，层楼飞阁，翼起相望。"（《不系舟渔集》卷十二《清芬阁记》）

马可·波罗曾描绘过成都的一种特殊房屋建筑，他说："城内川上有一大桥，用石建筑，宽八步，长半哩。桥上两旁，列有大理石柱，上承桥顶。盖自此端达彼端，有一木制桥顶，甚坚，绘画颜色鲜明。桥上有房屋不少，商贾工匠列肆执艺于其中。但此类房屋皆以木构，朝构夕拆。"（《马可波罗行纪》第412页）看来，这是一种商铺所用的能拆卸的活动房屋。

元代某些从事带有商业性质职业的人户，一般住宅都是前店后室，门前设有广告标记。如儿科医生的家门上用木板刻作小儿为标记；接生婆家门前用大红纸糊一双大鞋；兽医家门口立一根刻成壶瓶形状的长木，上面刷成红色；剃头匠家门口是"以彩色画牙齿为记"；卖馒头、面糕等食品的

重庆巫山元代壁画墓中用小青瓦铺的屋顶

元代住宅的内部设施（山西永济元永乐宫壁画）

元代渔民居住的茅屋（元张远《潇湘八景图·江天暮雪》，上海博物馆藏）

人家，"以长木竿用大木杈撑住，于当街悬挂，花馒头为子"（《析津志辑佚·风俗》）。

元代城市下层劳动人民居住条件极为简陋，多为墙身很窄的土房，房顶多为双坡式。揭傒斯《登怀来县古城》诗云："落日开平路，怀来古县城。数家惟土屋，万乘有行营。"（《揭傒斯全集》卷二）离都城不远的怀来县城，老百姓住的土屋与皇帝的行宫形成鲜明对照。即使在京师，也不乏一家栖居一室的现象。考古工作者在今北京106中学发掘的元代住宅遗址，正是反映了元代下层市民居住状况的实物资料。房屋一间，墙壁用碎砖砌成，房屋四角各有一直径不到18厘米的暗柱，地面比门低约40厘米，室内潮湿阴暗，只有一炕和一个石臼（《北京后英房元代居住遗址》，《考古》1972年第6期；《元大都的勘查和发掘》，《考古》1972年第1期）。据《析津志》记载，大都有五处穷汉市：一在钟楼后，二在文明门外市桥，三在顺承门城南街边，四在丽正门西，五在顺承门里草塔儿，以钟楼后面最大。（《析津志辑佚·城池街市》）这些穷汉是专门等待雇主前来挑选去出卖劳力的。从中可以看到，大都城中仍居住着不少贫民。这些贫民中，不仅有出卖劳力的人，还有

元代的街市（山西永济元永乐宫壁画）

古屋深林
柯葉輕樂
飢高志抗
由巢杜陵
點筆成秋
興且喜西風
未捲芳

陶匙

元代的茅屋（元张观《疏林茅屋图》，北京故宫博物院藏）

元代的木屋（甘肃漳县汪世显家族墓出土，甘肃省博物馆藏）

因病等原因沦落市井的宫中阉人。孔齐《至正直记·罗太无高节》中记述，大都城中一个因病出宫居住的宦官，仅有一间住房，"起卧饮食皆在焉"，屋内仅有"小煡灶一，几一"。至于上无片瓦的无房户，只能靠租房来居住。

上都城内一般市民的住房更简陋，"屋宇矮小，多以地窟为屋。每掘地深丈余，上以木条铺为面，次以茨盖上，仍种麦、菜，留窍出火"（《近光集》卷一）。这种就地挖坑的土屋地穴，与山西、陕西一带的窑洞，多属于就地取材、因陋就简的一种建筑形式。

元代城市中一般都有专门修盖房屋的集市。大都城有木市，为专门承揽维修房屋工程的门市。门口放置很多大大小小的木柱、檩、椽、桷及砖瓦、石灰、青泥、麻刀等建筑材料。镇江有木场巷、新瓦子巷等，大致也与修筑房屋工程有关。

城市房屋密集，是火灾高发地区，一旦失火，必然是火烧连营。如至正元年（1341）四月，杭州发生特大火灾，"燔官舍民居公廨寺观，凡一万五千七百余间"（《元史·五行志二》）。因此，元朝政府十分重视防火，并制定法律条文，加以规范。据《元史·刑法志》载：

> 诸城郭人民，邻甲相保，门置水瓮，积水常盈，家设火具，每物须备，大风时作，则传呼以徇于路。有司不时点视，凡救火之具不备者，罪之。诸遗火延烧系官房舍，杖七十七；延烧民房舍，笞五十七；因致伤人命者，杖八十七；所毁房舍财畜，公私俱免征偿。烧自己房舍者，笞二十七，止坐失火之人……诸故烧太子诸王房舍

者，处死。诸故烧官府廨宇，及有人居止宅舍，无问舍宇大小，财物多寡，比同强盗，免刺，杖一百七，徒三年；因伤人命，同杀人。其无人居止空房，并损坏财物，及田场积聚之物，同盗窃，免刺，计赃断罪。因盗取财物者，同强盗，刺断，并追赔所烧物价；伤人命者，仍征烧埋银。再犯者决配，役满，徙千里之外。诸挟仇放火，随时扑灭，不曾延燎者，比强盗不曾伤人不得财，杖七十七，徒一年半，免刺，虽亲属相犯，比同常人。

从上引有关防范火灾的法律条文来看，元朝政府几乎预先考虑到了火灾出现的各种情况。这种防范措施，对于有效地保护城市房屋免遭火灾起到了一定的作用。

乡村民居

中国自古以来基本上属于农业社会，"以农为本"一直是历代的基本国策。元朝建立后，同样重视农业。忽必烈即位后，颁布诏书云："国以民为本，民以衣食为本，衣食以农桑为本。"（《元史·食货志一》）元代对于从事农业生产的农户进行管理的办法是实行村社乡都制，这里有承袭前代的做法，也有不少做法为新创。统而言之，就是将自然形成的村落和独居的农户，自上而下管理起来。农户的住房，南北有别，东西各异。通常一个地区房屋形制大体一致，与当地的自然环境和人文环境有密切的联系。

元代北方乡村的房屋形式通常是四合院，大门朝南，正房面南，所谓"负阴抱阳"。通常正房、厅堂与门屋建在中

元代乡村的四合院民居（元钱选《山居图》，上海博物馆藏）

元代的民居（山西高平市陈区镇中庄村姬氏老宅）

轴线上，庭院两侧各有几间厢房。富裕之家，房屋多为砖木结构，房体高大，房脊有正脊、垂脊等。民房一般没有鸱吻、衔脊、兽头等装饰。这主要是因为元朝有禁令："诸小民房屋，安置鹅项衔脊，有鳞爪瓦兽者，笞三十七，陶人二十七。"（《元史·刑法志四》）山西永乐宫元代壁画中对房屋有所描绘，但并不是元代现实生活中的民居。这种带鸱吻、兽头的建筑形式，有山西晋城郊区遗存元代庙宇建筑作为实物资料。如位于晋城市东南13公里的府城村北岗上的玉皇庙、泽州县大东沟镇辛壁村建于元大德九年（1305）的太平观等，就属于带衔脊、兽头的建筑形式。

从建筑学角度看，元代屋宇形制是由宋金材份制向明清斗口制演变，斗拱由真昂向假昂过渡的时期，太平观等遗存留下了转变时期的元代建筑实物资料。晋城地区高平东北15公里陈区镇中庄村内，至今遗存一处完整的元代民居——姬氏老宅。姬宅坐北朝南，平面呈矩形，面阔进深各三间，悬山顶，举折平缓，屋顶施以素面琉璃脊及布纹瓦。前檐用四根石柱支顶檐面，柱头上设四铺作斗拱，外观简洁严整，古朴稳重。门墩为青石质，左墩靠门槛处刻有"大元国至元三十一年岁次甲

元代乡村的民居（元王蒙《秋山草堂图》，
台北故宫博物院藏）

午仲□□□姬宅置□石匠上党郡冯□□冯□□"等文字。此宅是迄今我国发现最早的民间住宅建筑，被列入国家重点文物保护单位名录（参见李协定、裴池善主编《晋城揽胜》，世界华人艺术出版社2001年版）。

元代北方大量的普通民居，还是一种土坯房，墙体用泥土夯实垒砌，四角用木柱和梁木支撑，房顶以泥土加麦秸涂抹，上面加瓦覆盖。雨水较多的地区房屋多为斜式或人字形顶，便于排雨水。雨水较少的地区房屋多为平顶，便于晾晒粮食作物。马可·波罗从陕西京兆出发后，"西行三日，沿途皆见有不少环墙之乡村，及美丽平原"（《马可波罗行纪》第407页）。他看到的基本上都是带院落的农户住宅。

元代南方房屋建筑基本上保持着南宋时期的形制，农村茅草房与砖瓦房兼而有之。溧阳一带乡村"中户之家皆用藩篱围屋，上户用土筑墙，覆以上草"（《至正直记》卷二《乡中风俗》）。由于元代后期社会治安较乱，一些人家在自家院墙上装上带棱角的碎石块，以此阻止外人攀爬。在花园中装饰假山在江南大户人家中很流行，所谓"立石以为标格之美观"（《至正直记》卷二《石假山》）。巨室富民、文人雅士争相购置，以为炫耀。溧阳有个富户的石假山，"高逾三丈，名曰双秀"（同上）。有的富户家道败落后，石假山即被人买走，"移置家园"（《南村辍耕录》卷二十七《买假山》）。富户的庭院追求的是"园池之胜，林木蔚荟"（《东维子集》卷十五《五桧堂记》）。当时，江南庭院的布局，讲究"若作圃，须要水四分，竹二分，花药二分，亭馆二分，然后能悦人心目，可游可息"（《至正直记》卷二《卜居近水》）。下等民宅多为简陋的茅草房。元世祖时，担任过参知政事的杨果，曾在长江边见过一户渔民的住

元代乡村用土坯砌成的房屋

房，于是感慨道："见一簇人家入幗帐，竹篱折补苔墙，破设设柴门上张着破网。几间茅屋，一竿风旆，摇曳挂长江。"住这样房子的渔民，形象上也很悲惨，"见个黑足吕的渔翁鬓似霜。靠着那驼腰拗桩，瘿累垂脖项，一钩香饵钓斜阳"(《全元散曲·[仙吕]赏花时》)。

元代文人雅士家中一般都辟有专门的"读书之斋"，给书斋起"求志堂""仰更斋"等动听的名称，并请名儒题写斋记(《圭斋文集》卷五《仰更斋记》)。元杂剧中常有对于书房的描述，如关汉卿的《诈妮子调风月》中有唱词："这书房存得阿妈，会得客宾；翠筠月朗龙蛇胤，碧轩夜冷灯香信，绿窗雨细琴书润，每朝席上宴佳宾，抵多少十年窗下无人问！"(《关汉卿集》)名声不大的乡间文人，更多的是过着"二顷良

元人《雪溪晚渡图》中的元代乡村民居（南京博物院藏）

元王蒙《松林写作图卷》中元代文人雅士的读书斋（美国克利夫兰美术馆藏）

田一区宅"（《全元散曲·[南吕]四块玉》）的日子。或喜欢居住在靠近山水之处，在茅庐周围种些梅、竹，读书赋诗。元人杨朝英的小令《[双调]水仙子·自足》中云："杏花村里旧生涯，瘦竹疏梅处士家。"反映的就是这样的乡间田园生活。

禅房道舍

元代是宗教的兴盛时期，尤其是佛教和道教在元代得到了很大发展。因此，元代禅房、道舍等建筑也随之在各地大规模兴建起来。

元朝统治者大都信奉佛教，尤其是藏传佛教在元代成为地位最高的宗教。忽必烈为藩王时就与妻子和孩子接受藏传佛教萨迦派首领八思巴的密教灌顶礼，即位后封八思巴为国师。至元六年（1269），八思巴受命创制的蒙古新字（八思巴字）作为国字颁行，其本人以功升号为帝师、大宝法王。元廷设立总制院（后改为宣政院），主管吐蕃政务和全国释教僧侣，秩从一品，由帝师八思巴亲自统领。因而，佛教在元代有了很大的发展。

在元朝统治者的支持下，各地大规模地修建庙宇寺院。至元二十二年（1285）正月，忽必烈下令调拨诸卫军六千余人给大都护国寺修造寺院。同年十二月，"以中卫军四千人伐木五万八千六百，给万安寺修造"（《元史·世祖本纪十》）。动用京城卫戍部队为寺院修建提供服务，这是前代很少见的现象。而且动辄伐木近六万棵，可见规模之巨大。至元二十五年（1288）四月，"万安寺成，佛像及窗壁皆金饰之，凡费金五百四十两有奇、水银二百四十斤"（《元史·世祖本纪

护国寺内景

十二》）。世祖还专门为护国寺设立管理机构，以提升其地位。至元十六年（1279）八月，"置大护国仁王寺总管府，以散扎儿为达鲁花赤，李光祖为总管"（《元史·世祖本纪七》）。总管府为元代的重要机构，大都路、上都路设置都总管府，其余各路设总管府，宫廷、兵部、工部等下设总管府。总管府官员品级通常在三、四品。寺庙设总管府是前所未见的。

世祖之后，历朝皇帝兴建寺院的势头从未减弱。成宗朝建大圣天寿万宁寺，武宗朝建大崇恩福元寺，仁宗朝建大承华普庆寺，英宗朝建大昭孝寺、大永福寺，泰定帝朝改建大天源延圣寺，文宗朝建大承天护寺等多座。这仅仅是大都地区带有皇家色彩的寺院，其他寺院还有多座。至元二十八年（1291），宣政院曾对全国寺院数量进行统计，"上天下寺宇四万二千三百一十八区，僧、尼二十一万三千一百四十八人"（《元史·世祖本纪十三》）。

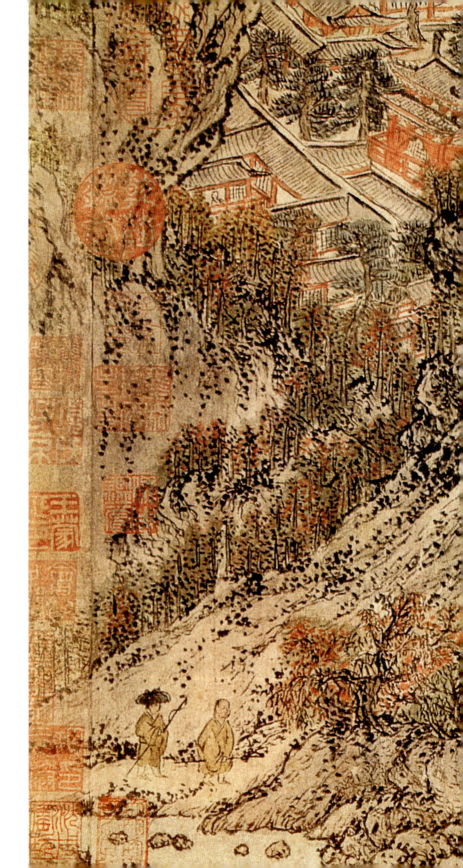

元代太白山上的寺观（元王蒙《太白山图》，辽宁省博物馆藏）

北京元妙应寺白塔

元代新建寺院的修筑，基本上是采取中原寺院与藏式寺院结合的形式。大都的名寺大多是元朝统治者为藏传佛教领袖举行佛事活动而创建的。因此，其建筑形式也具有不少藏式风格。元代寺院形制前后有所变化，但通常是由山门、院墙、佛殿、法堂、斋堂、禅房等组成。规模较大的寺院，如大都的护国寺，"殿宇为间百七十五，灵星门十，房舍为间二千六十五"（《雪楼集》卷九《大护国仁王寺恒产之碑》）。

元代吐蕃地区的寺院保留着更多当地的建筑风格。建于元代的西藏萨迦南寺是一个存世的实例。北宋时始在仲曲河北岸建寺，后称萨迦北寺。元代在北寺主殿西侧增建配殿。世祖至元五年（1268），由八思巴授命在仲曲河南岸扩建南寺，征发十三万户民工建寺，前后历经二十余年建成。因此，仲曲河两岸寺院统称萨迦寺。萨迦寺是汉藏风格结合的寺院。北寺依山而建，南寺建在河谷平原，四周有高墙环绕，寺院

西藏萨迦寺

殿宇高耸，类似城堡。大经堂、北佛殿、银塔殿建在寺院中心，僧房分布周围。此外，日喀则东南的夏鲁寺保留不少元代建筑风格，寺院主体建筑拉康（藏语意为佛殿），坐西朝东，由前殿、经堂、佛殿三部分组成。大殿前有回廊环绕的庭院，缓解建筑高耸带来的压迫感。建筑顶部多为绿釉琉璃瓦，前殿顶部为重檐歇山式，与底层披檐形成三重檐的效果。经堂、佛殿等顶部为单檐歇山式。经堂宽大，中间凸起，上设天窗，利于采光。

　　元代在各地修建最多的帝师庙，主要是为了祭祀帝师八思巴。英宗至治年间，"特诏郡县建庙通祀"（《元史·释老列传》）。于是，各地纷纷修建帝师庙。如《至顺镇江志·寺院》中记载了镇江帝师庙的修建："至治元年秋八月，郡奉诏立寺祠帝师。越明年五月，寺成，刻石纪绩……其面势左山右河，市拱林卫，雄秀而丰厚。其制度门庑殿堂，有严有翼。其室

玉雕八思巴坐像（西藏布达拉宫藏）

北京白云观

高明而宏深，凡屋五十亩。其地四十九而有奇，作二十有九
旬乃成。"这说明，镇江的帝师庙建筑形式是门庑、殿堂、旁
殿及屋室等。左山右河，表示正殿坐北朝南。当时各地建的
帝师庙，大致也是这种规模形制。

　　道教在元代社会中流行的广泛程度，是仅次于佛教的。
当时道教又分为全真、太一等教派，以全真道影响最大。尽
管有不同派别，但是道观的建筑形式基本上相差无几。道观
通常由神殿、膳堂、道舍、园林组成，宫观分为前殿、主殿、
后殿，建在一条中轴线之上。配殿和生活区设于两庑，分别
为道长道士用膳、诵经、住宿的场所。道士居舍通常称为云

山西介休后土庙元代古戏台

山西广胜寺后殿（亦称后佛殿、大雄宝殿）殿内

堂、云房等。道观的整体格局为传统的四合院、三合院。

目前全国内地遗存的元代寺观殿堂建筑，据文物部门统计，有一百多座，主要分布在山西、陕西、河南、河北等地。较为有名的佛教建筑有山西洪洞的广胜寺、高平的景德寺、繁峙的灵岩寺、兴定的慈云阁等。道教建筑著名的有山西永济后迁至芮城的永乐宫、河北曲阳北岳庙、山东济南的北极阁、河南开封的玉皇阁、山西晋城的玉皇庙等。以往学者多关注永乐宫，而对其他宫观研究略少。河南开封的玉皇阁，是建于元初为纪念全真教创始人王喆而修建的万寿宫（忽必烈赐名）之遗存。玉皇阁仿穹庐造型，脊顶上雕刻有两个骑马蒙古武士，这种道教建筑形式很少见。

山西广胜寺后殿元代风格显著的梁架

元延祐六年（1319）重建的山西广胜寺明应王殿，上层屋檐斗拱，
上层屋檐明间补两朵补间斗拱，次间和稍间各补一朵

按建筑学划分，木结构建筑大致分为传经式和大额式两类。传经式为承袭唐宋以来木构梁架的结构形式，仅在用料上较前代减少。大额式才是真正属于元代的一项创造发明。大额式采取移柱和减柱方法，以达到扩大殿堂内部空间的效果。移柱法是将殿中作支撑的柱子移到边角，以扩大殿堂中厅的空间。减柱法则是将支柱减掉对称的二至四根，或四至六根，同样是为了扩大空间。与减柱、移柱相配合的工艺，是增添顶部大额。方法是用一根粗大的圆木作为大额，按面阔方向架设在柱头上，部位或前檐、后檐、前槽、后槽灵活处置。额上安放斗拱，这样额就可以随意移动位置，达到减柱和移柱的目的。采取这种方式，既能保持殿堂本身的坚固性，又达到了节省木料和扩大使用空间的作用。

房屋的买卖与租赁

元代允许房产自由买卖，法律上有明文规定："诸典卖田宅，从有司给据立契，买主卖主随时赴有司推收税粮。"（《元史·刑法志二》）因此，民间房屋买卖现象很普遍。一般情况下，都是因为家道衰落将家产变卖给他人，或因借债无力偿还将房产典卖抵债。房产交易中，种种不良现象也时有发生，引起一定的社会问题。因此，元朝政府对房产买卖管理很严格，制定了不少条例。《元典章·户部》中收录有关房产买卖的多项律条，如"典卖田宅须问亲邻""典卖批问程限""质压田宅依例立契""权势买要产业""田宅不得私下成交""典卖田宅告官推收""贸易田宅"等。总之，房屋可以自由买卖，但必须订立契约，经过官府认可才能成交。

据叶子奇《草木子·克谨篇》记述，元嘉兴府海盐县有一个富户，家境衰落，卖掉房产，"别营一小室以居"。不久，"所营小室亦卖"。这就是当时一个由富转贫、从有房户到无房户的典型案例。尤其是在宋元交替的变革初期，房产的买卖现象更加突出。元军攻占南宋城池后，有些原住民感到前途未卜，一部分人卖掉多余的房产，有人干脆卖房回乡隐居。于是，城市中一度出现抛售房屋的现象。元朝军官和一

元代的木屋壁（甘肃漳县汪世显家族墓出土，甘肃省博物馆藏）

些官吏大量从民间购买房屋，甚至强行低价购房。至元十五年（1278），朝廷特别颁布旨令，规定官吏不得收买百姓房屋。此前已买房屋，须退还原房主，房主按卖价赎回。至元二十一年四月，又重申这一法令。然而，房屋买卖不同于其他物品买卖，往往前后价格变化很大。"盖缘江南归附之初，行使中统钞两，百物价直低微。成交之时，初非抑逼，亦无竞意。目今百物踊贵，买卖房舍价增数倍。"这也"致起贪人侥幸之心"，在房产交易过程中有人出尔反尔。如龙兴路居民范大鼎，至元十二年（1275）把一处房产卖给翟镇抚。十几年之后，范大鼎看到房价大涨，找到买主要求加价。翟镇抚"又行添贴价钱四锭，重用给据立契成交"。后翟镇抚将房屋转卖。此房以后又经过几次转手。大德元年（1297），范大鼎到官府状告范某等人低价卖房，不肯回赎。经官府审查，时隔二十二年，几位买主先后修房费用达三十余锭，"若拟回赎，实亏买主"，于是驳回原告上诉*（以上引文均见《元典章·户部五》）*。这种卖房之后再反悔的情况时有发生。为此，房屋买卖双方要订立契约，讲明房屋位置、产权、卖房原因、价钱、取赎的时间等，还需要有中间人和见证人，各方签字后，契约方能生效。当时社会上流行一种典买房屋契式*（《新编事文类要启札青钱》外集卷十一《公私必用·头匹》，转引自张传玺主编《中国历代契约会编考释》上册）*，现抄录如下：

　　　△甲△都姓　△

　　右△有梯己承分房屋一所，总计几间几架，坐落△都，土名△处。东至、西至、南至、北至。系△人住坐。今因贫困，不能自存，情愿到△人为牙，将上项四至内房屋寸土寸木不留，尽底出卖（或云典）与厶里厶人为业。三面言议，断得时直价中统钞若干贯文。系是一色现钞，即非抑勒准折债负。其钞当已随契交领足讫，更无别领。所卖（或云典）其屋的系梯己承分物业，即非瞒昧长幼，私下成交。于诸条制并无违碍等事。如有此色，且厶有自用知当，不涉买（或云典）主之事。从立契后，仰本主一任前去管（典云：约限几年备元钞取赎。如未有钞取赎，依元管佃。）永为己物。向后子孙更无执占收赎之理。所有上手，一并缴连赴官印押。共约如前，凭此为用。谨契。

年　月　日　出业人姓　厶　号　契

知契姓　厶　号

牙人姓　厶　号

时见人姓　厶　号

这种标准的房屋买卖契约格式，对于事后产生纠纷确实起到一定的约束作用。但是，穷人永远是弱者，富人千方百计采用各种方式侵吞民宅。如有一年，关陕大饥，富民"乘时取人田宅"（《危太仆续集》卷五《元故奉议大夫行宣政院经历王公墓志铭》）。官员凭借权力也时常霸占民宅。至元二十三年（1286），御史台官员曾指出："江南自归附以来，所在路、府、州、县有系官房舍，往往礼任官员因为官房无主看守，却于民户处借什物，以此故倚气力，一面遽将民户梯己房舍、田园、地土占住，不惟有妨买卖，又且老小出入不便。甚至屋主什物，恃强夺要，不敢争取。但是官员占住以后，接踵相承，视为传舍，上下蒙蔽，多不理问。"（《元典章·工部二》）

《秋林小隐全图》（元陶复初，台北故宫博物院藏）

对此，朝廷只是强调不许占住百姓房屋，而不进一步采取更严厉措施，以杜绝这一现象的发生。

元代租赁房屋的现象也很普遍。当时租房居住的主要是两种人，一是无力购房的穷人，多为背井离乡辗转在城市打工的人员；二是迁转的低级官员，因品级较低住不上公廨，被迫租房居住。元人蒋正子的《山房随笔》中记载：世祖至元戊寅至己卯间（1278—1279），有一个叫董恢的人在山西太原任丁角酒税副使，因无房居住，于是"僦屋以居"。僦，本义租赁。为此，董恢写诗两首诉说心中的悲怨：

其一：

　　白发苍头一腐儒，行无辙迹住无庐。

　　邓林万顷青青木，肯为鹪鹩借一株。

其二：

　　翠阁朱楼锁掩扉，寻巢燕子不能归。

　　落花吹泥东风雨，绕遍芳檐无处依。

元初曾任京兆府教授的诗人李庭，也因自己无房，全家多年靠租赁房屋居住而感到愤愤不平，于是作《僦屋》(《寓庵集》卷二）诗云：

　　三十年居北斗城，有家无舍可怜生。

　　每惭燕子营巢稳，不及蜗牛载屋行。

　　一寸荒田无计得，万间广厦几时成。

　　拂衣明月南山去，高树巢云老太平。

元代职级低的官员租赁房屋的问题，有元一代都未曾解决。元泰定进士宋褧，因自己无房，只好在大都金城坊租房住，于是作诗云："豪家尽有厦连云，自是诗人嫌日短。"通常房钱每月一交，所以"到月终房钱嫌日短"（《燕石集》卷八《初至都书金城坊所僦屋壁》），即每到月终交钱时感到时间过得太快。元顺帝时，曾任右丞相、受封忠王的马扎儿台，"为小官时，尝赁屋以居"（《至正直记》卷一《脱脱还桃》）。

　　大都官员租房有其特殊性，不仅低级官员要租房，甚至连三品大员也有租房居住的。刚建城时京城人还不太多，用于建房的"分地"较多，随着人口大量增加，宅地减少，建房成为困扰京城的一大难题。如世祖至元年间任侍御史、集贤学士的程钜夫，在京城先后辗转搬迁了八个地方，最后才落脚于大都城北较为荒僻的安贞里。因远离市中心，上朝不便，自嘲其居室为"远斋"。又如西域人康里不忽木，因立功忽必烈赐其大都府邸，但到了其子康里巎巎时，府邸竟为权贵所夺，只得租房居住。曾参加大都城建设的张柔在大都也没有私宅，其后人始终租房居住。顺帝至正初，曾任翰林国史编修官的张翥说："予京居廿稔，始置屋灵椿坊。"（《蜕庵集》卷二）在大都当了二十年官，才买到灵椿坊一处房。大都住房的紧张，由此可见。

　　元代房产租赁也需要签订契约。《新编事文类要启札青钱》一书收录有元代房屋租赁契约样式《当何房屋约式》（转引自张传玺主编《中国历代契约会编考释》上册），对了解当时的房屋租赁情形很有帮助。现抄录如下：

　　　　厶甲厶都姓　　厶

右厶今得厶人保委，就厶处厶人（边）当何得房屋一所，计几间几架，门窗户扇并已齐全，坐落厶都，土名厶处。东至、西至、南至、北至，前去住坐。每年议断赁钞若干贯文，不至拖欠。自住坐后，只得添修，不敢毁拆及开置赌坊，停着歹人，塌卖私货，妄生事端，连累邻佑。如有此色，且保人并自知（支）当，不涉本主之事。恐后无凭，立此为用。谨约。

年　月　日　佃人姓　某　号　约

保人姓　某　号

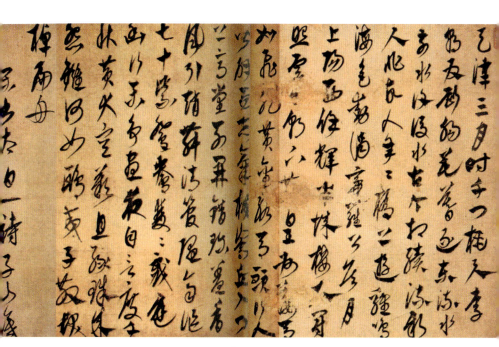

元康里巎巎《李白古风诗卷》

家具与生活用品

元代家具与生活用品种类很多，前面已经介绍过餐饮器具，这里着重介绍床上及地上所用的家具。

元代家具有桌、案、柜、厨、椅、凳、几、床等，材质一般是木质，个别的也有象牙、玉与金属制作而成的。宫廷家具名称与形制和民间不同，材质较多的是木质上镶嵌玉石、金银和珠宝。皇帝的座椅称御榻，这种御榻形制继承自蒙古国时期斡鲁朵的大汗宝座。"宝座长而宽，好像一张床，全部涂以金色。"（《出使蒙古记》第145页）形制与寺院的罗汉床极为相似。因此，曾出使蒙古国的南宋官员说：蒙古君主宝座是"金裹龙头胡床"，"如禅寺讲座"（《蒙鞑备录》）。大都的大明殿、广寒殿、隆福宫、延春阁寝殿等分别陈设七宝云龙御榻、金镶玉龙榻、镂金云龙樟木御榻、楠木御榻、紫檀木御榻等。

元代是镶嵌工艺发展的高峰，因此，皇室的很多器具都运用镶嵌工艺。从御榻的名称七宝、金镶玉、镂金等，就可以看出是镶嵌工艺。御榻是坐具，而皇帝睡觉的床，称龙床、御床。龙床由楠木、紫檀、樟木等加雕刻和镶嵌工艺制成。嫔妃的床称银床、牙床，并不是用银子或象牙制成的，同样是用木质加银或象牙镶嵌。

百姓的床在家庭生活中占有很重要的位置。北方人喜欢睡土炕、矮床，南方人爱用匡床。根据元人《事文类聚翰墨全书》记载，当时还有胡床、绳床、藤床等。土炕又称土床、暖炕、火炕等，是用砖或土坯垒砌烟道，炕面用土坯铺砌后，面上用泥和碎麻抹光的，也有大户人家炕面和前脸均用砖铺

元人《松下对弈图》中元朝的桌子和坐具

18世纪的蒙古贵族金漆松木二门柜（北京美轮博物馆藏）

砌。元人尹廷高的《燕山寒》诗云"地穴玲珑石炭红，土床芦簟觉春融"，与欧阳玄《渔家傲·南词》中的"霜松雪韭冰芦菔，暖炕煤炉香豆熟"，都是描写煤火炕的诗句。元人周伯琦在《上京杂诗》中，描写过上都地区使用的土床。诗云："卑湿如吴楚，雄严轶汉唐。土床长伏火，板屋颇通凉。"煤炉与火炕相连，取暖与烧饭兼得的火炕，目前在北方农村仍可以见到，人们习惯称为"地炉子"。当时，城市中用煤火炕较为普遍。北京近年发现的几处元代居住遗址，无论是豪华住宅还是简陋居室，都备有这种火炕。广大农村多是用柴草取暖的土炕。

元代桌、案、几、椅、凳等房间内用具，形制多种多样。宫廷所用木料较为讲究，民间则多用榆、柳等常见的木料制作。元代宫殿门口常摆一种长条形的矮桌，上面放置酒器与杯盘等，这是穹庐门口长条板凳上放置皮囊等酒具的演变。桌子常见的还有方桌、圆桌等。宫廷中各种形制的案很多，有宝舆方案、诏案、册案、表案、礼物案、朱漆案、香案等。宝舆方案，又称宝案，是皇帝的办公之案，不仅雕龙嵌宝，还配有名贵的罩布等。"绯罗销金云龙案衣，绯罗销金蒙衬复，案旁有金涂铁鞠四，龙头竿结绶二副之。"（《元史·舆服志二》），诏案、册案、表案是分别放置御用文件的专用家具。香案用于放置香炉、金香盒、银灰盘、烛台等。

民间最常用的是方桌，形制是桌面呈正方形，下有四条高足，足底有四条横枨，或靠近桌面部位有横枨，横枨不等，足端雕作云头状。整体造型高大结实，美观舒雅，以红漆方桌较多。与前代相比，元代方桌的桌面里收，桌足较为凸显。这种方桌传世的较为罕见，多见于元人墓葬的壁画中。如内

《消夏图》中的榻、桌（元刘贯道，台北故宫博物院藏）

蒙古赤峰元宝山元墓壁画中的方桌、内蒙古凉城元墓"家居图"中的方桌、山西大同冯道真墓壁画中的方桌、山西文水北峪口元墓壁画中的方桌等。

与桌案配套的是各式椅凳，宫中常用的交椅，材质红木嵌金，称金红连椅，配金脚踏。与皇室一城而居的大都下层劳工，甚至有的连桌椅都没有，"以大乌盆木杓就地分坐而共食之"（《析津志辑佚·风俗》）。普通人家常见的家具，有大小木柜、厨、方桌、矮桌、蒲草编织的坐团、方座等。生活用品主要有铁络、量罐、缸、柳条簸箕、斗升、水桶、炊饭荆笆、挑菜筐、米囤等。

元人画《倪瓒像》中的榻、屏、桌

元代黑漆六足高束腰香几

山西永济元永乐宫壁画中的民间所用方桌

床上用品，被、褥、枕是不可缺少的东西。皇室用的被、褥、坐垫等，是用各种皮和金锦等缝制的。从名称上也能看出与众不同，如白盖金缕褥、黑貂褥、方舆金锦褥、可贴条褥、蓝绉丝条褥、绿可贴褥等。床前还有屏风、帐幕等遮蔽物品。屏风也称屏障，"皆楠木为之，而饰以金"（《南村辍耕录》卷二十一《宫阙制度》）。帐幕，皇宫用赭黄龙凤纹的锦缎，官员一品至三品许用金花刺绣纱罗，四品、五品用刺绣纱罗，六品以下用素纱罗等。普通百姓多用棉布做的被、褥、枕，更没有什么屏风、帐幕。元代被褥已有很多花色品种，以松江乌泥泾被褥最为著名，远销各地。枕以布、绸材质为多。但是，枕芯的填充物多种多样。元代常用加工后的花瓣作枕芯的填充物，如"金莲花攒枕倚"（《诈妮子调风月》）。元人马祖常写有《菊枕》诗云："东篱采采数枝霜，包裹西风入

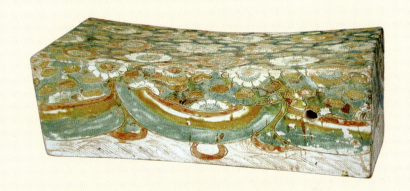

元代三彩长方形枕（西安博物院藏）

元代景德镇窑青白釉透雕建筑枕（安徽岳西县博物馆藏）

梦凉。半夜归心三径路，一囊秋色四屏香。床头未觉黄金尽，镜里难教白发长。几度醉来消不得，卧收清气入诗肠。"（《石田先生文集》卷三）元代有一种陶枕很具特色，这种陶枕多带有图案和题词。山东文登出土、现藏于烟台市博物馆的"元代题词釉陶枕"，就是其中上釉带题词的陶枕。元景德镇窑建筑枕，1981年安徽岳西县出土，现藏于县博物馆。该瓷枕呈现出一座完整的小型殿堂建筑，分为前殿、后殿，有门有窗，甚至还雕了卷帘和珠帘。殿堂有檐有厦，云头形殿顶为枕面。四周栏板雕有镂空纹饰，栏柱上顶贴莲花，殿堂两侧为镂雕古钱纹，殿内外塑有多位人物。此枕反映的是民间祝寿的场景，对于了解当时的社会生活极具价值。

家庭常见的家具还有盆架、花架、灯架等。皇宫中洗漱用品种类很多，有水瓶、水盆、唾盂等，也都是非金即银制造而成的。扇子也是当时常用的小件物品，百姓一般用竹编草织的蒲扇，而皇室勋贵用扇是身份的象征，因此种类繁多，有御扇、朱团扇、大雉扇、中雉扇、小雉扇、青沥水扇、画扇等。御扇多用缂丝镶嵌工艺，"扇面用刻丝作诸般花样，人物、故事、花木、翎毛、山水、界画，极其工致，妙绝古今。若退晕，淡染如生成，比诸画者反不及矣。仍有金线戏绣出升降二龙在云中。以玉为柄，长一尺，琢云龙升。上以赤金填于刻文内，又用金线条缚之如线系，或扇团以银线缠之，如是者凡数样，制俱不同"（《析津志辑佚·岁纪》）。元代制扇的水平达到了登峰造极的地步。又如，"朱团扇，绯罗绣盘龙，朱漆柄，金铜饰，导驾团扇，蹙金线"。再如，"大雉扇，制稍长，下方而上椭，绯罗绣象雉尾，中有双孔雀，间以杂花，下施朱漆横木连柄，金铜装"（《元史·舆服志二》）。三公、

元代银镜架（江苏苏州张士诚母曹氏墓出土，苏州博物馆藏）

元代的龙纹铜鬲式炉（北京延庆出土，北京市文物研究所藏）

丞相、中书省、枢密院、御史台等官员多用画扇。

煤在元代被大量开采，煤炉成为富裕人家必备的生活用品。马可·波罗说："地位稍高或财能自给之人，家中皆置火炉。"（《马可波罗行纪》第381页）20世纪70年代发掘的北京后英房元代居住遗址，出土铁炉子一个，可以证实马可·波罗所说是符合事实的。铁炉实物式样为圆炉盘、三足，炉口在炉盘正中，炉底部下侧有出灰孔，与现代所用煤炉很相似。南方也用铁炉，如镇江所产铁炉，"作温器、烧器等物，以锡镀之，其色如银而耐久可用，他郡称之"（《至顺镇江志》卷四《土产·器用》）。柯九思的《宫词十首》中有"夜深回步玉阑东，香烬龙煤火尚红"的诗句，说明当时宫中普遍用煤炉取暖。煤炉的使用给日常生活带来很大的便利，甚至改变了人们的日常卫生习惯。以往冬季北方人很少洗浴，由于"私人火炉和公共浴场甚众"，"每人于每星期中至少浴三次。冬季且日日入浴"（《马可波罗行纪》第381页）。

家庭日常用品中还有一类属于高雅器物，如香炉、漆盒、花瓶、文房四宝等。目前传世的这类用品数量以香炉和花瓶稍多，而漆盒、文房用具略少。香炉从材质上划分，又有金属、瓷器、石器等种类。元代香炉在继承前代的基础上，在造型、技法和装饰方面都出现了很多变化。元代铜质香炉的器形以三足炉和鬲式炉较为多见，特点是炉耳突出，寓意步步高升。瓷香炉以耀州窑、龙泉窑、钧窑等烧制出的一些器形硕大的香炉为代表，体现出元代豪爽大气的风格。石质香炉以汉白玉雕刻纹饰的长方炉较为名贵。漆盒以元漆

元代的银奁（江苏苏州张士诚母曹氏墓出土，苏州博物馆藏）

元张成造剔红人物漆盒

元代钧窑香炉（内蒙古自治区呼和浩特市博物馆藏）

元代宝杵纹金盒（内蒙古自治区敖汉旗出土）

元代景德镇窑青白釉笔架（首都博物馆藏）

雕师张成制作的红漆圆盒较受推崇。元代文房用具传世略多的是镇纸类，有铜、玉等材质，纹饰多为草原民族畜牧相关图像。

住宅环境的美化

住宅及周围环境的美化，最重要的是树木和花草的种植。元人很重视这一点，在住宅周边广植树木和花草。

大都留守司专门设有上林署，其中重要职能是"掌宫苑栽植花卉"（《元史·百官志六》）。还设有花园机构，"掌花卉果木"（同上），分管宫苑以外地方的绿化。元朝皇帝大多喜欢奇花异木，甚至命人到处搜罗，移置御苑和宫殿周围。马可·波罗来到大都后，除宫殿之外，感慨最多的是树木。他说："北方距皇宫一箭之地，有一山丘，人力所筑。高百步，周围约一哩。山顶平，满植树木，树叶不落，四季常青。汗闻某地有美树，则遣人取之，连根带土拔起，植此山中，不论树之大小。树大则命象负而来，由是世界最美之树皆聚于此。""山顶有一大殿，甚壮丽，内外皆绿，致使山树、宫殿构成一色，美丽堪娱。"（《马可波罗行纪》第310—311页）元中期来华的意大利旅行家鄂多立克，也曾提到元大都宫廷的绿化。他说："大宫墙内，堆起一座小山，其上筑有另一宫殿，系全世界之最美者。此山遍植树，故此名为绿山。"（《鄂多立克东游录》第73页）不仅元世祖忽必烈喜好搜罗珍奇树木，其他皇帝也不例外。据《元史·泰定帝本纪》记载，泰定四年（1327）三月，泰定帝"遣使往江南求奇花异果"。使臣经

山西永济元永乐宫壁画中的住宅环境

元人绘《山水册》中描绘的居住环境

过在江南八九个月的寻觅，终将搜寻到的珍奇花木运回大都，"植万岁山花木八百七十本"。萧洵《故宫遗录》中云："后苑中有金殿，殿楹窗扉皆裹以黄金，四外尽植牡丹，百余本，高可五尺。"喜爱花草树木是蒙古人的天性，即使做了皇帝也依然如此。每逢花开，皇帝和嫔妃常喜欢赏花。如宫词云："满苑梨花月一轮，紫斑石上观熊嫔。花亭且莫称联缟，翻恐名花逊美人。"（《全史宫词》卷十九）

元《授业图》中的梅花（重庆巫山元代壁画墓出土）

大都有专门经营果树的市场，称作果木市，官府设管理人员收税。大都的树木主要有椴树、涩树、赤郭树、榆树、桦树、榉柳树、槐树、松树、楸树、桑树、梨树、白杨树、牛筋树、青阳树、椿树、柏树、荆树、榛树、橡树等。

大都花卉种类也很多，据《析津志》记载：有牡丹、芍药、桃花（又分拳桃、冬桃、山桃、麦熟桃、鹦鹉嘴桃）、杏花（又分桃杏、小杏、山杏）、御黄子花、李花、林檎花、红奈子花、频婆花、樱桃花、石榴花、海棠花、荼蘼花、合欢花、枣花、荷花、芡秋子花、御马缨、紫荆、石竹、金盏儿花、山丹、松丹、木香、蔷薇、刺薇、粉团、月季、紫菊、金莲、雁传书、狮头石竹、长十八等多种。（《析津志辑佚·物产》）

《析津志》中没有提到梅花，其实，在武宗至大初，大都城已从南方移栽成活了梅花。据《南村辍耕录·漱芳亭》载："初，燕地未有梅花，吴闲闲宗师（全节）时为嗣师，新从江南移至，护以穹庐，扁曰漱芳亭。"吴全节是江西正一道的道

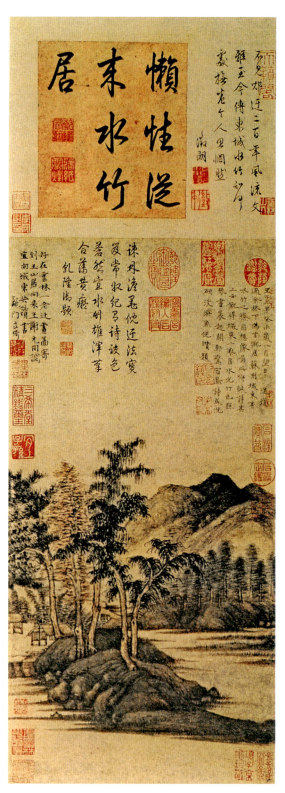

《水竹居图》（元倪瓒，中国国家博物馆藏）

《花溪渔隐图》（元王蒙，台北故宫博物院藏）

元代的居住环境

《溪山清夏图》（元盛懋，台北故宫博物院藏）

士，至元二十四年（1287）随宗师张留孙入京觐见世祖忽必烈，后留在大都。成宗时被授予玄教嗣师之位。最初，他从江南移植的梅花仅有十几株，为适应大都冬季气候，遂在齐化门（今朝阳门）寓所建漱芳亭，并设有大棚避寒。移植梅花成活后，漱芳亭一时成为侨居京城的江南文人的留恋之地。杭州人张雨看到漱芳亭梅花后，"恍若与西湖故人遇，徘徊既久，不觉熟寝于中"。江西清江人范梈作《次韵赋吴尊师漱芳亭白红梅花二首》，其中有"惟梅本是群仙侣，别有芳姿照微雨"（《范德机诗集》卷五）的诗句。此后，梅花开始在大都广泛种植，元宫中罗亭就"植红梅百株"。元人马祖常也很喜欢梅花，不仅作《次吴真人梅花韵》诗，还移植梅花："山房百本梅花发，尽是先生手自栽。不似旗亭杨柳树，迎人未了送人回。"（《石田先生文集》卷四）

北方其他城镇的树木和花卉，大致与大都花卉植物区别不大，树木以槐、柳、榆、杨、松、柏、桑、枣、梨、桃、杏为主要树种，花卉以牡丹、芍药、月季等最受推崇。大都南城的牡丹为京城一绝，所谓"城南牡丹一百本，翰林学士走马来"（《石田先生文集》卷四）。

江南花卉则更胜于北方。据《至顺镇江志》记载，元代镇江的花卉有杜鹃、玉蕊、玉兰、牡丹、芍药、海棠、岩桂、山茶、山丹、蜡梅、紫薇、紫荆、辛夷、木槿、八仙、玫瑰、栀子、棠花、凌霄、木香、酴醾、金沙、月季、蔷薇、锦带、瑞香、结香、素馨、迎春、罂粟、丽春、山矾、玉绣球、粉团儿、佛见笑、真珠、木芙蓉、兰花、蕙花、菊花、葵、荪、水仙、玉簪、鸡冠、萱草、金灯、金钱、金凤、石竹、水红、剪金、滴滴金、牵牛、玉蝴蝶、碧蝉、蜜友、百合、黄雀儿、郁李、山木瓜、宝相（一种树花，非服饰图案中的宝相花）、紫笑、金梅、笑靥、天烛等。

树木有松、柏、桧、楸、梓、槐、桐、杉、黄杨、枫、檀、椿、樗、榆、樟、柳、水杨、桑、柘、楮、朴、楝、栎、枳、婆罗、冬青、石楠、黄荆、棕榈、皂荚、槲等。果树有梅、杏、桃、李、樱桃、枇杷、来禽、石榴、葡萄、木瓜、银杏、胡桃、梨、柿、枣、栗、橙等。此外，还有竹、芭蕉、紫藤、薜荔、莎、凤尾、虎耳、万年青等植物。

元代不论是城市还是乡村，都很注重对居住地周围的绿化。元朝政府也常常颁发诏旨敦促民间植树。至元七年（1270）二月，元朝政府颁布劝农立社法令十五条，其中有条规定："每丁周岁须要创栽桑、枣二十株，或附宅栽种地桑二十株，早供蚁蚕食用。其地不宜栽桑、枣，各随地土所宜，栽种榆、柳等树，亦及二十株。若欲栽种杂果者，每丁限种十株，皆以生成为定数，自愿多栽者听。"（《元典章·户部九》）不仅依靠法令推行种树，而且要求"附宅"，即房前屋后需要种树。至元八年（1271），元大司农司上奏有关植树的方案："据创栽桑科并杂果等树，比及生成得力，桑科拟限八年，杂果等树拟限一十五年。自栽种月日为始，验各色年限满日，本处官司至日申覆上司，定夺科差。"（《元典章·户部九》）看来大司农司官员对植树并不外行，能根据树木的生长规律来订立条例。忽必烈奏准实施。以后的成宗、武宗也大力提倡种树，先后发布不少诏旨。如《元典章·户部九》中收录有《提调点觑农桑》、《农桑》、《禁斫伐桑果树》等诏令，其中都有种树和保护树木的内容。据《元史·世祖本纪》所载，至元二十三年（1286）这一年，大

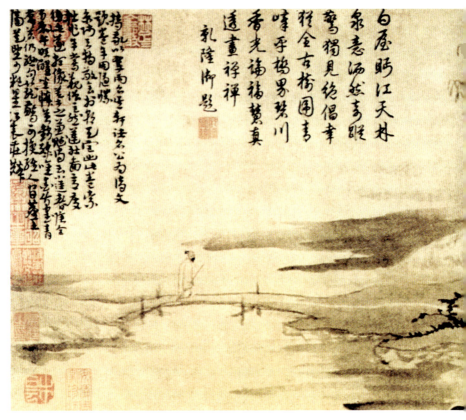

《翠雨轩图》（元庄麟，台北故宫博物院藏）

司农司奏报诸路"植桑枣杂果诸树二千三百九万四千六百
七十二株"。

　　元代文人更喜欢在寓所周围种植花草树木，如周伯琦
《寓舍紫菊》诗云："来时关北草初匀，去日滦阳白露新。窗
下紫蕤颜色好，独延清兴款诗人。"诗人陈基作诗描写其居
住地的环境："轩外竹添千个绿，树头花吐万年红"；"栀子雨
肥蕉叶大，恨无佳句续韩公"（《夷白斋稿》卷十《闰三月七日过
三塔寺留别宽老》）。诗人吴师道写有《春日杂书五首》，其中
一首云："山药尝多心共苦，案书抛久眼浑迷。舍南舍北团团

树，无奈子规朝暮啼。"（《吴师道集》卷九）可见，他的住宅南面、北面被树团团围住。诗人范梈作《二杏》诗云："自我来京城，寄居诸公家。其地僻且阻，茂树绕窗纱。亦有桃与李，盛节争豪奢。"（《范德机诗集》卷二）描写的是屋前屋后桃李环绕的居住环境。马祖常写有《泉南孙氏园亭》诗，其中有"蒼卜垂栀子，篔簹长竹孙""吹籥花围屋，弹琴鹤舞园"（《石田先生文集》卷二）等诗句。可见，郁金香、栀子、竹子等植物把房屋围起来了。以上都说明元代很重视住宅周围环境的美化。

行

道路

元代幅员辽阔，加强各地与统治中心之间的联系，道路交通是必不可少的重要纽带。元代统治者对此有深刻的认识，并大力发展各地道路交通建设。因此，元代的道路长度和辐射范围是前所未有的。

据元人许有壬说："圣朝既平宋，经画遐迩，大都小邑，枝疏脉贯，际天所复犹身焉。政令之宣布，商旅之通迁，水浮路驰，舟格梁济，荒陬僻壤，无远不达，犹气血周流，百骸用康，一或壅塞，则身为之病矣。"(《圭塘小稿》卷七《彰德路创建鲸背桥记》) 说明元代道路交通已经像人的血脉一样，畅通四面八方。

从大蒙古国时期起，蒙古统治者就对道路交通很重视。成吉思汗时，不仅重视道路建设，而且注重道路维护。"从大路上和作为公路的大道上清除枯枝、垃圾和一切有害的东西，不准长起荆棘和有枯树。"(《史集》第一卷) 以后的几代蒙古大汗同样重视道路的建设与管理，许多重要道路已经在这一时期开通和修复。当时，蒙古地区以和林为中心，开辟了多条通往其他区域的道路，尤其是通往中亚和西亚地区的道路。

元朝建立后，设立辽阳、岭北、河南、陕西、甘肃、四川、云南、江浙、湖广、江西十个行省以及腹里、吐蕃两个中央直辖区，并在前代原有的驿传制度基础上，结合行省制区域管理，逐步建立起四通八达的交通网线。

元代的主要道路以大都为核心，大致分为北路、南路、东路、西路等干线。从主干线中又不断延伸出分支道路，像蜘蛛网一样连接起各个方向，从而起到条条大路通大都的作用。

北路交通线，从大都北行至上都，这是元朝最重视的路线。皇帝两都巡幸，蒙古人返回漠北老家，都要依靠北路交通线到达目的地。北路又分为四条线路：一是驿道。全长800余里，途经昌平、新店、居庸关、榆林、怀来、统墓店、洪赞、枪杆岭、李老谷、龙门、雕窝、赤城、云州、独石口，然后过偏岭、牛群头，经察罕脑儿、明安、李陵台、桓州，进入上都。这条驿路共设十一个驿站，是官员和商旅来往两都的主要路线；二是黑谷东道。全长750余里，是皇帝前往上都的专道，因此，也被称为辇路。这条路也是先出居庸关，经黑谷，过官山、沙岭、牛群头、郑谷店、泥河儿、双庙儿、六十里店、南坡店，抵达上都。这条路线不设驿站，置十八处捺钵，供皇帝和扈从人员休息；三是古北口东道。全程870余里，经顺州、檀州、古北口、宜兴州，沿滦河北上，进入草原，由西面抵上都。这条路是专供监察官员和军队使用的；四是西道。全长1095里，主要经大口、皂角、龙虎台、妫头、怀来、祖车、丰乐、鸡鸣山、宣德、沙

元朝大都（今中国北京）至岭北和林（今属蒙古国）的古驿路遗迹

岭、得胜口、野狐岭、兴和遮里哈剌、盖里泊，随后与辇路交会，经郑谷店、泥河儿、双庙儿、六十里店、南坡店抵达上都。这条路线是皇帝由上都返回大都和运输物资之路，沿途设二十四处捺钵，以供皇帝停歇。

南路交通线，从大都南下，经良乡到涿州，然后分两路：一路走定兴、白塔、保定，由此分道走山西东部和河南北部；一路南至新城、雄州、任丘、河间、献州、阜城、景州，入山东陵州，而后继续南行。南路相对来说州县繁密，人口众多，因此岔路很多，连通各个州县的道路难以统计。

西路交通线，从大都西行至宣德、夏永固，入山西天成，然后到大同，再从大同分别向宁夏、甘肃等地延展。

东路交通线，主要又分为两路：一路从大都东行至通州，经夏店、蓟州、遵化，通往辽阳行省的大宁路；一路经玉田、

元代通往川藏地区的古驿路

丰润（今河北唐山市丰润区）、迁安、卢龙等地，或由此路往大宁。

各行省驿道是沟通行省之间和直达大都的主要交通线。而行省内的交通，也分别由长短不一的道路连接路、府、州、县。如河南行省驿道，是以开封为中心，向四外延伸。从开封西至郑州、巩县、偃师、洛阳，然后经新安、渑池，西行至陕西。或南下许州、襄城、南阳、襄阳、江陵，进入湖广行省。从开封向东南至真州，往江浙方向。此外，还有多条驿道南下北上。

元代重视与边疆地区的联系，尤其是在云南和吐蕃地区开通了多条驿道。云南行省以省治中庆府（今昆明）为中心，开通连接湖广行省和四川行省之间的通道。吐蕃地区也陆续开辟东通四川行省、北通甘肃行省的驿道。而且云南和吐蕃

行走在元代驿路上的行人（元赵原《晴川送客图》，美国大都会艺术博物馆藏）

两地本辖区的驿道也不断地开辟，增强了地方与治所之间的联系。

元代对道路的绿化也很重视，从中央到地方政府，都有路旁种树的政令，甚至对树种也有规定。如至元九年（1272），忽必烈下旨："自大都，随路州县城郭周围并河渠两岸、急递铺、道店侧畔，各随地宜，官民栽植榆、柳、槐树，令本处正官提点本地分人，护长成树。"（《元典章·户部九》）并严禁放牧牲畜啃咬树木和随意砍伐树木。马可·波罗说："大汗曾命人在使臣及他人所经过之一切要道上种植大树，各树相距二三步，俾此种道旁皆有密接之极大树木；远处可以望见，俾行人日夜不至迷途。盖在荒道之上，沿途皆见此种大树。"（《马可波罗行纪》第379页）说明当时道路两旁植树是见到成效的。

城市街道

元代城市街道是有设计和规划的一种交通设施。无论城市大小，街道一般都是东西南北贯通，也有因特殊地理条件形成斜街、丁字街的。城市有专门的管理人员。

元大都早在规划设计阶段就将街道和排水设施安排得井井有条。"自南以至于北，谓之经；自东至西，谓之纬。大街二十四步阔，小街十二步阔，三百八十四火巷，二十九衖通。"（《析津志辑佚·城池街市》）城内主要街道宽阔笔直，纵横交错。较大的街道有十几条，主要街道有千步廊街、哈达门丁字街、钟楼前街、后街、半边街、棋盘街、五门街、三叉街、顺承门南街、省前东街、斜街等。街道两旁修有或明

元人绘《商贾行旅图》中的街道

或暗的排水渠，宽约一米，深约一米半，用石条垒砌。据史
料记载，建立都城之前，先凿泄水渠七所：一是在中心阁后，
二是在普庆寺西，三是在漕运司东，四是在双庙儿后，五是
在甲局之西，六是在双桥儿南北，七是在干桥儿东西。说明
大都城的排水系统，早在建城初期就已经有所规划。除街道
之外，还有众多的胡同和小巷连通四方。街巷也有巷名，如
哈达门第一巷、第二巷、第三巷，钟楼前街西第一巷等。马

可·波罗曾对大都的街道有所描绘："全城地面规划有如棋盘，其美善之极，未可言宣。""街道甚直，此端可见彼端，盖其布置，使此门可由街道远望彼门也。"（《马可波罗行纪》第322、318—319页）。

各地城市街道，虽不能与大都相比，但基本上也都是经纬分明，东西南北走向，"城厢内外，街道纵横"。上都的街道以宫城为中心延展，宫城前御道宽25米，东西横街宽15米。鲁不鲁乞说，和林城内有两条大街，一名回回街，一名契丹（汉人）街，回回街是集市集中的地区。镇江城有七条大街，七条街名为十字街、五条街、上河街、下河街、税务街、屏风街、新街。八十二条巷子，名称用官署、寺观以及商贸区命名，如延庆寺巷、城隍庙巷、正赐库巷、馒头巷、汤团巷、果子巷等。杭州有城门十二个，每个城门间都有纵横交错的大街。据马可·波罗说：杭州"有大街一百六十条，每街有房屋一万，计共有房屋一百六十万所"（《马可波罗行纪》第528页）。亦集乃路治所城内有东街、正街，街道两旁是店铺。大都西南的保定城，金末"荒芜者十余年"。后经元万户张柔主持，"划荆榛，立市井，通商贩，招流亡，不数月，官府第舍焕然一新"（《元朝名臣事略》卷六《万户张忠武王》）。元代保定城街道整齐划一，成为沟通南北的要冲。

江南城市街道一般都用石头铺路。马可·波罗说："城中街道皆以石铺地"，"一切道路皆然，由是通行甚易，任往何处，不致沾泥"。江南雨水多，道路多泥泞，如果道路不用石铺垫，人行马走都很艰难，"盖其地低而平，雨时颇多陷坑也"。不仅大路路中间铺设石路，而且"通行全城之大道，两旁铺有砖石，各宽十步，中道则铺细砂，下有阴沟宣泄雨水，

元大都街道图

始建于元代的鸡鸣驿城中的街道

浙江杭州余杭区径山发现的元代古桥

流于诸渠中，所以中道永远干燥"（《马可波罗行纪》第526—527、536—537页）。马可·波罗的说法，在方志中也可以找到证据。据《至顺镇江志·道路》记载：镇江丹徒县城"自通吴门至吕城镇，沿门用砖灰石板铺砌，以便行旅"。南方许多城市至今保存有不少石板路，也可以佐证当年用石条、石板铺路的现象。而大都和北方城市街道多为土路和沙石路，车马行走常会扬土飞尘，雨天又容易泥泞，为人所诟病。对于河渠众多的城市来说，桥梁是连接道路必不可少的建筑。如关于杭州，马可·波罗说："街渠宽广，车船甚易往来，运载居民必需之食粮。人谓城中有大小桥梁一万二千座，然建于大渠而正对大道之桥拱甚高，船舶航行其下，可以不必下桅，而车马仍可经行桥上，盖其坡度适宜也。就事实言，如果桥梁不多，势难往来各处。"关于苏州，马可·波罗说："此城有桥六千，皆用石建，桥甚高，其下可行船，甚至两船可以并行。"（《马可波罗行纪》第532、522页）杭州有一万二千座桥、苏州有六千座桥的说法，可能有所夸大，但是石桥很多是符合事实的。

驿站

"驿"这一形式，古已有之，元代驿站与之有关联，却有着质的不同。"驿站"一词出现在元代，蒙古语为"站赤"，原意为掌驿站者，后成为与驿站等同的名词。元代幅员辽阔，交通发达，驿站制度应运而生，成为效率极高的交通设施。元代全国遍设驿站，东连高丽，东北至奴儿干，北达吉利吉思，西通伊利汗国、钦察汗国，西南抵吐蕃，南接

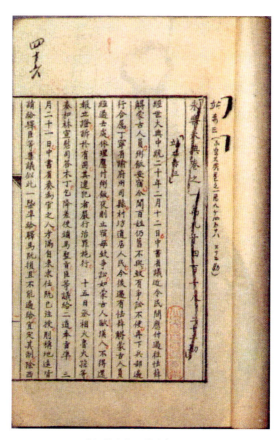

《经世大典·站赤》书影

安南、缅国。在官方备案的驿站有关情况如下：腹里（中央直辖区）、河南、辽阳、岭北、江浙、江西、湖广、陕西、四川、云南、甘肃等行省共设立1400处，岭北行省的三条驿道设置119处，宣徽院直属的吐蕃地区设置27处，全国近1600处驿站。"于是四方往来之使，止则有馆舍，顿则有供帐，饥渴则有饮食，而梯航毕达，海宇会同。"（《元史·兵志四》）

驿站有陆站和水站之分。陆站备有马、牛、驴、车、轿等交通工具，供过往公职人员使用。据《元史·兵志》记载：腹里各路的驿站，总计有198处，其中陆站175处，有马

位于元朝大都（今中国北京）至岭北和林（今属蒙古国）之间罕乌拉山顶的元代古驿站遗址

12298匹、车1069辆、牛1982只、驴4908头。其他各地陆站，担负运载的牲畜和车辆数量不等。水站设于水路沿岸，备有船只，为过往官员提供服务。如江浙行省的水站有82处，湖广行省的水站有73处，四川行省的水站有84处。个别地区因特殊的地理环境，使用不同于内地的交通工具。如辽阳行省北部，因天寒冰冻设狗站，以狗拉雪橇作为运载工具。据记载，辽阳行省有狗站15处，狗3000只。马可·波罗曾描绘过这种狗站，他说："土人制无轮之橇，行于冰泥之上，俾其不致深陷于其中。每橇置一熊皮，使臣坐其上，用上述之大犬六头驾之；不用人驭，径至下站，安行冰泥之上，每站皆然。驿站之人，别乘一橇，用犬驾之，取捷道径赴下站。两橇既至，使臣又见有业已预备之犬橇，送之前行，至若原乘之橇则回后站。"（《马可波罗行纪》第735页）西部沙漠地区，常用骆驼作为驿站载客工具。

始建于元代的鸡鸣驿

　　驿站有固定场所，有馆舍提供住宿，马厩、船坞供牲畜和船只休息停靠。驿站的大小，并未有统一的规定，因地制宜，有的多达一百五十余间房，有的仅有十几间房。江南地区，陆站和水站多建在一起，便于管理和使用。两驿站之间，相距五六十里至百余里。吐蕃地区驿站之间相距较内地要长，有三五百里。"今乌思藏等，除小站七所勿论，其大站二十八处（应为二十七处），递送西番布施，来往之使实繁，人户数少，驿程近者不下三五百里。"（《经世大典》卷一九四二一《政典·驿传六》）如相距路程较长，在两驿站中间会置简易房舍供使臣临时休息，称为"邀驿"。

　　使臣利用驿站，根据级别享受不同的服务。一般正使不仅有食物如米面，还有酒肉、零钞等待遇。随行人员仅供应米面，而且数量也相对减少。随行人员的人数也有一定的规定，多则五人，少则一二人。

元常乐驿站铜印

大元帝师统领诸国僧尼中兴释教之印

驿站住宿和使用交通工具，必须要有官府颁发的证件。证件分为铺马圣旨、金字圆牌、银字圆牌等。关乎朝廷军情要事和皇帝派遣的大臣，佩带金字圆牌；其他非要事的则发给带有御玺印章的圣旨。诸王、公主、驸马有军情等要事使用驿站的，行用银字圆牌。

八思巴字蒙古文乘驿圆牌（铁质，西藏日喀则扎什伦布寺藏）

驿站的管理机构原为通政院，至大四年（1311），撤销通政院，改由中书省兵部直接管辖。仁宗时，恢复通政院，遂又再次接管驿站。驿站的驻站官员人数和职级与驿站的大小及重要性成正比。一般设提领、副使、百户等，像大都、上都之间的驿站设有驿令、驿丞等级别稍高官员管理驿站，以应付"每岁车驾行幸，诸王、百官往复给驿频繁"的局面。在一些重要的驿站，还设有品级为从五品的脱脱禾孙（蒙古语，意为查验者），目的是查验使臣的凭证、辨别乘驿人员的真伪、盘查过往嫌疑人等。在乘驿人员较多的时段，持金字圆牌者有优先之权。

元廷一再重申："除朝廷军情急速公事之外，毋得擅差铺马。"（《经世大典·站赤》）然而，许多有权势之人，利用种种机会获取铺马圣旨和圆牌，以达到免费享受驿站服务的待遇。因此，驿站的负担越来越重，甚至带来"给驿泛滥"的局面。这种现象到了元代后期尤为突出。

元代在驿站专门承担差役的人员，称为站户。在元代的"诸色户计"中，站户所占比重仅次于民户。成为站户的条件，是要有一定的财产作为保障。漠北蒙古牧民中，以畜群多者应役。在汉族人居住的江南、江北地区，一般是从中等户中签发。一旦入为驿站户籍后，不得随意脱籍，需要世代相承。除按规定提供交通工具外，部分站户还需向驻站人员提供食物。各站所管理的站户数目不等，多者二三千户，少者则六七百户。

店铺与旅舍

元代是商旅发展的一个重要时期，不仅国内各地商旅往来频繁，大量外国人也不远万里前来。这部分人中不仅有商人，也有纯粹的旅行者。因此，店铺与旅舍成为必不可少的设施。元朝政府重视民间商贸活动，要求各城镇都要设置店铺和客栈，为旅客提供住宿和饮食。乡村和渡口也要设置村店、店舍等。因此，店铺、旅舍遍布全国各地。

来华的外国人对店铺、客栈感触最多。鄂多立克说："因为旅客需要供应，所以他（皇帝）叫在他的整个国土内遍设屋舍庭院作为客栈。"（《鄂多立克东游录》第77页）杭州"有很多客栈，每栈内设十或十二间房屋"（同上，第67页）。马可·波罗说：杭州"城中有大市十所，沿街小市无数"，通常都是"屋之下层则为商店，售卖种种货物，其中亦有香料、首饰、珠宝"。经营商店的店主"致富以后，可以不必亲手操作，惟须雇用工人，执行祖业而已。其家装饰富丽，用巨资设备饰品、图画、古物，观之洵足乐也"（《马可波罗行纪》第

533—535页）。

元代店铺和旅舍，通常建在繁华地段和交通便利之地。大都的商铺和旅舍，主要集中在两个地方：一处在大都城中心鼓楼以北、钟楼以南的地方，并向西南延伸到海子沿岸各处。这一区域是各类食品、衣物、珠宝的主要商贸区。尤其是海子沿岸，风景秀丽，是泛舟和游览的绝佳之处。因此，这里酒楼、店铺、旅舍遍布。由于通惠河的开通，江南商船可以直达海子，于是这里成为商贸交易、游览、住宿的首选之地。另一处是皇城西面的羊角市一带，主要经营的是牲畜买卖。这里设有羊市、马市、牛市、骆驼市、骡马市等，南

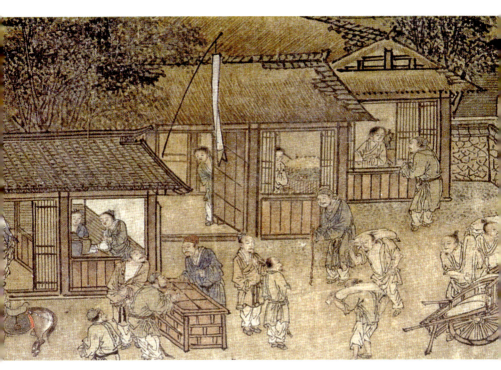

元人绘《商贾行旅图》中的沿街店铺

北商贩集中在这里交易。此外，大都还有许多分散的中小商铺和旅舍。上都也有繁荣的商贸区，操着各种方言的商人在此进行交易。当时到过上都的文人作诗云："煌煌千贾区，奇货耀出日。方言互欺诋，粉泽变初质。开张通茗酪，谈笑合胶漆。"(《清容居士集》卷十六《开平十咏》) 上都有不少外来商旅，这也激发起蒙古人的经商意识，所谓"诸部与汉人杂处，因商而致富者甚多"(《危从北行记》)。不仅在都城，连中小城市也都有商旅常住。如北方真定，"居民商贾甚多"(《元史·布鲁海牙传》)，"优肆、娼门、酒垆、茶灶，豪商大贾并集于此"(《河朔访古记》卷上《常山郡部》)。直沽（今属天津）更是"两岸旅店丛集，居积百货，为京东第一镇"(《长安客话》卷六）。

元朝大一统后，打破南北往来壁垒，南北交往和商贸频繁。扬州成为南北往来的重要通道，也是重要的商贸区。"扬为南北之要冲，穹官显人往来无虚日，富商大贾居积货财之渊薮。"(《说学斋稿》卷上《扬州正胜寺记》)

元杂剧中有不少剧情都是以旅店为场景展开的。如无名氏《盆儿鬼》中有："开着一座客店，招接那南来北往的经商客旅，在此安歇。"关汉卿《赵盼儿风月救风尘》剧中有："店小二，我着你开着这个客店，我那里希罕你那房钱养家？"现存元杂剧，有几十部当中有描写旅店的剧情，从中反映出旅店在当时社会上很普遍。

元朝政府制定有鼓励和保护店铺、旅店经营的政策。如商旅所至，"官给饮食，遣兵防卫"。如财物被盗，抓不到盗贼，"以官物偿之"。凡商旅往来要道及住宿之所，地方官均要设置巡防弓手，以保障商旅的安全。即使离州县城市较远的乡村旅店，也要求本县长官提控和设巡防弓手。在加强安保措施的同时，也对商旅进行管理。如世祖至元元年（1264）八月，颁发圣旨规定："往来客旅、斡脱、商贾及赍擎财物之人，必须于村店设立巡防弓手去处止宿。其间若有失盗，勒令本处巡防弓手立限根捉，如不获者，依上断罪。若客旅、斡脱、商贾人等却于村店无巡防弓手去处止宿，如值失盗，并不在追捕之限。"（《元典章·刑部十三》）商旅住在有巡逻警戒的旅店，如丢失财物，巡防弓手要承担责任，否则不受保护。

商旅外出异地，要向当地官府申领"公凭"，也称"公引"，即许可证明。"诸斡脱、商贾凡行路之人，先于见住处司县官司具状召保给公凭，方许他处勾当。"（《元典章·刑部十三》）途经要道和渡口以及住店还要查验公凭。"经过关津渡口，验此放行，经司县呈押。无公引者并不得安下。遇宿止，店户亦验引，明附店历。"（同上）可见，元朝政府对外出经商和住店都有严格的规定。同时，明令禁止官员利用权势刁难商旅。据《元史·刑法志》载："诸漕运官，辄拘括水陆舟车，阻滞商旅者，禁之。"元时摩洛哥旅行家伊本·白图泰（又译伊本·拔图塔）曾记述过他在中国旅行的感受（马金鹏译《伊本·白图泰游记》第545页，宁夏人民出版社2000年版）：

对商旅说来，中国地区是最安全最美好的地区。一个单身旅客，虽携带大量财物，行程九个月也尽可放心。因他们的安排是每一投宿处都设有旅店，有官吏率一批骑步兵驻扎。傍晚或天黑后，官吏率录事来旅店，登记旅客姓名，加盖印章后店门关闭，翌日天明后官吏率录

事来旅店，逐一点名查对，并缮具详细报告，派人送往
下站，当由下站官吏开具单据证明全体人员到达。如不
照此办理，则应对旅客的安全负责。

伊本·白图泰的记述，与元代史籍记载基本上是相符的。元
代对于商旅重视的程度，在历代史籍中是很少能见到的。

　　元代便于行旅的还有一个重要条件，就是纸币作为全国
范围的通货。元代发行的纸币有几种，其中以中统元宝交钞

元中统钞（中国国家博物馆藏）

为主要币钞。有元一代，始终通用，各种支付和计算均以中统钞为准。纸币作为支付手段，与金银同等价值。纸币携带轻便，极大便利了商旅和货运交易。元代来华的国外商旅和使臣，对元朝使用纸币无不感到惊奇。马可·波罗说：纸币"凡州郡国土及君主所辖之地莫不通行"，"各人皆乐用此币，盖大汗国中商人所至之处，用此纸币以给费用，以购商物，以取其售物之售价，竟与纯金无别。其量甚轻，致使值十金钱者，其重不逾金钱一枚"。"君主使之用此纸币偿其货价。商人皆乐受之，盖偿价甚优，可立时得价，且得用此纸币在所至之地易取所欲之物，加之此种纸币最轻便可以携带也。"（《马可波罗行纪》第361—362页）马可·波罗本身就是一个斡脱商人，因此对于元朝发行纸币极为赞同，并不惜笔墨反复记述使用纸币的情况。伊本·白图泰也说过，他们买卖所用的媒介，是一种大如手掌，上面印有皇帝玉玺的纸币。元代纸币的发行，的确为行旅带来很大的便利。

大运河

元代开辟的陆路交通是无与伦比的，水路交通方面也展现了前所未有的大手笔。元代统一江南后，在全国一盘棋的思路指导下，著名天文、水利专家郭守敬等人提出改造江河水系的建策，得到元朝统治者忽必烈的赞同，于是，一场大规模改造水路交通的工程开始施行。大运河是元朝水利建设的核心，它的南北贯通对于元朝社会的发展功勋卓著。同时，在水利史及河道运输史上都具有划时代的意义。

早在隋代，为沟通江南与都城长安（今陕西西安）的水路联系，开凿了杭州至洛阳之间的运河。但是，五代诸国并立，战乱不已。尤其是金、宋对峙，使运河淤塞，无法航运。当时西北部河道的景象是："河益埋塞，几与岸平，车马皆由其中，亦有作屋其上。"（《攻媿集》卷一百十一《北行日录》）

　　元朝建立后，以大都为中心，如何通过水路沟通南北联系，使江南丰富的物资便捷地输送到大都，是当时的元朝统治者一直想解决的问题。最初，漕运由杭州至镇江，过长江北上入淮河，西逆黄河而上，经宿迁、徐州至中滦（今属河南封丘）。然后，登岸走一百八十里的陆路，运货物等至淇门（今属河南淇县），再乘船通过御河（今卫河）、白河到达通州（今属北京）码头，水路到此终止。货物和人员再走陆路进入大都。运输过程水陆交替，河道曲曲折折，人员和货物上上下下，耗时费力，十分不便。

汇通祠（现北京郭守敬纪念馆）

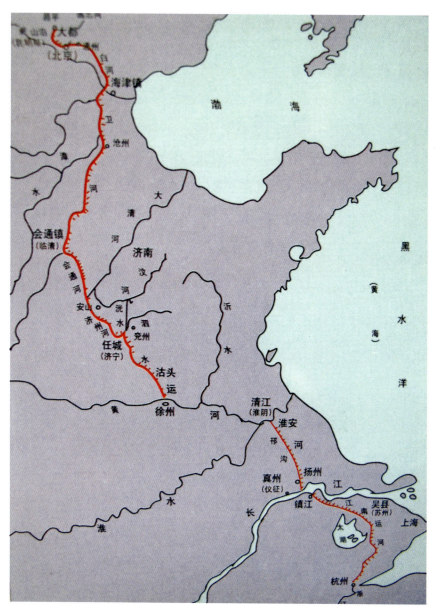

京杭大运河示意图

至元十二年（1275），时任都水少监的郭守敬，实地考察了江淮至大都的河道状况，认为"宋、金以来，汶、泗相通河道……可以通漕"（《元史·河渠志一》）。于是，南北大运河工程首先在山东地段开工挖掘。一期工程是开挖济州河连通汶、泗两河，于至元二十年（1283）竣工。从济州（今属山东济宁）西北至须城安山（今属山东东平），全长一百五十余里。这段运河开通后，可以从杭州直接经扬州北上至济州，而不必入黄河，逆行绕道走中滦。北上船只到达济州后，再

元代京杭大运河与海运略图

继续北行至安山，进入大清河，经东阿、利津入海，由海路至直沽（今属天津）。然而，由利津入海有两大问题并未解决：一是内路河船转至海道航行，经不起风浪，翻船溺水，时有发生；二是利津河口泥沙壅塞，常堵塞出海口，使船只无法出海。于是被迫改由东阿上岸，走二百余里陆路至临清，再从此地上船入御河，抵通州。一期工程仍未解决直航的问题。

至元二十六年（1289）正月，大运河第二期工程开工，主要解决江淮至御河间衔接的问题。工程重点是从安山至临清凿通一条人工运河。二期工程历时六个月竣工，河道全长二百五十里，命名为会通河。至此，从杭州至通州的运河全线贯通。

至元二十八年（1291），第三期运河工程开工，主要解决通州到大都间的水道运输问题。通州到大都，虽然直线距离仅有数十里，但是地理和水源情况相当复杂。金朝也一度考虑开凿连接通州至大都水路，终因水源匮乏和工程技术要求太高而没有动工。郭守敬不愧为水利专家，经过慎重考虑，制定了从昌平白浮村引神山泉，西折南转，过双塔、榆河、玉泉诸水，至大都和义门（今西直门）入城，南汇为积水潭（包括今前海、后海、什刹海），东南出文明门（今崇文门），东至通州高丽庄入白河的方案。工程于至元二十八年秋天动工，一年后完工，命名为通惠河。全长一百六十四里多，东连白河（通州至直沽），南接北运河（直沽至临清），并连接会通河。第三期工程结束后，大运河（后称京杭大运河）才正式宣告全线完工。大运河像一条红线，将海河、黄河、淮河、长江、钱塘江等水系有机地连接在一起。这种合力所带

北京积水潭元代码头遗址

元代的水闸遗址

元人《卢沟运筏图》中运河上繁忙的航运船只

来的功效是巨大的。

在开凿大运河同时，为了有效地掌控河水，还沿河建起多处水闸、堰和石坝，根据水的流量进行启闭调节，使河道畅通无阻。运河两岸用石头垒砌，以防塌陷。沿河有通往南北的大道，以沙石铺路，路两旁种植树木，起到固堤和防风沙的作用。沿线设有店铺和旅舍，供来往商贾行人交易和住宿。

大运河开通后，随即成为最繁忙的一条水路。"江淮、湖广、四川、海外诸蕃土贡、粮运、商旅、懋迁，毕达京师。"（《元朝名臣事略》卷二《丞相淮安忠武王》）据《通制条格·杂令》收录的一份官方文书记载："大都里每年百姓食用的粮食，多一半是客人从逈南御河里，搬将这里来卖有。"有人乘船走过这条航线后，大发感慨说："自杭走汴，水陆二千里，如游乡井，如入堂奥，如息卧内。"（《沧螺集》卷二《送淮南省掾梅择之序》）可见，河道行船远比陆路乘车舒适。

运河沿线一些新兴的城市也随之发展起来。楚州、济州、东昌、临清、长芦、直沽等，就是随着运河开通而声名鹊起的。如临清，每届漕运时期，"帆樯如林，百货山积"，街市"北至塔湾，南至头闸，绵亘数十里，市肆栉比"（《临清县志·商业》）。直沽，由于成为漕运物资的口岸，"一日粮船到直沽，吴罌越布满街衢"（《傅与砺诗文集》卷四《直沽诗》）。有些像真州、扬州这样的老城，也随着运河的开通面貌焕然一新，成为"南北商旅聚集去处"

位于运河之滨的山东聊城山陕会馆

（《元典章·户部八》）。因此，大运河所带来的不仅仅是南北交通的便利，它也成为增强各民族凝聚力和维护国家统一的纽带。当今，京杭大运河早已成为世界文化遗产，说明大运河的历史价值越来越受到重视。

元代不仅开凿大运河，还对其他多条水系进行了疏通和修整。如至元二十年至二十一年，山东东部开凿的胶莱河，南起胶西县东陈村海口，北至莱州西北海口，工程全长三百余里。尤其是疏浚江南运河，开挖镇江运河和疏治练湖工程都取得了巨大成效，保障了大运河水路的畅通。直到元末，元朝还在进行大规模修治黄河工程。"石人一只眼，挑动黄河天下反"_{（《庚申外史》）}口号的出现，正是红巾军在利用治黄工程举起反元大旗。即便如此，元朝治理水利的功绩也是不可抹杀的。《元史·河渠志》中有一段明朝史官的评语："元有天下，内立都水监，外设各处河渠司，以兴举水利、修理河堤为务。决双塔、白浮诸水为通惠河，以济漕运，而京师无转饷之劳。导浑河，疏滦水，而武清、平滦无垫溺之虞。浚治河，障滹沱，而真定免决啮之患。开会通河于临清，以通南北之货。疏陕西之三白，以溉关中之田。泄江湖之淫潦，立捍海之横塘，而浙右之民得免于水患。当时之善言水利，如太史郭守敬等，盖亦未尝无其人焉。"这是很中肯的评价，并未因政权的交替而否定元朝在水利交通方面的贡献。

海运

陆路、水路、海路是元代交通建设的三大基石，在重点发展陆路、水路交通的同时，海上运输事业也开始得到高度重视。海运发展的速度甚至超过水路，运输粮食等物资的数量，一度也超过水路。

中国有绵长的海岸线，海运的历史可以追溯到春秋战国时期，但是大规模的海运还是起自元代。元代先后在东部海岸开辟了三条南北海运航道，航线距离长达万里之上，从而奠定了元代在海运史上的地位。元代造船技术和航海水平的提高与发展，促进了航海事业的飞跃。

元代海运漕运示意图

　　元代进行长距离的海运是有前期摸索阶段的。至元十三年（1276），元军统帅伯颜率部进入临安（今浙江杭州），接收南宋的礼乐祭器、册宝、仪仗、图书等，决定将这些宋廷的标志性物品悉数运往大都。于是，命熟悉海道的朱清、张瑄自崇明走海路押送这些战利品到大都。朱清、张瑄成功地将这批宝物送达大都。朱、张二人也成为主持东部沿海航运的官员。此后，元朝一直在寻找更安全便捷的海路航道，使东部沿海成为重要的交通线。

　　至元十九年（1282），忽必烈采纳丞相伯颜的建议，开始大力发展海路航运。首先开辟的航线是自刘家港（今属

元代的沉船

江苏太仓县浏河镇）至杨村码头（今属天津武清），航程
13350里。由朱清、张瑄、罗璧三个运粮万户负责，当年冬
自刘家港起航后，出长江口，循海岸北行至海门外黄连沙头，
经万里长滩（今属江苏如东），继续沿近海岛屿北行，经盐
城、东海、密州，驶经胶州湾外海，转灵山岛（今属山东青
岛）放洋，再向东北行至成山（今山东半岛东端），然后西航
入渤海，沿界河（今海河）至杨村码头。这条航线迂回曲折，
沿途岛礁浅滩很多，航行极为艰难，用时长达两个月。从至
元十九年至二十八年，将近十年时间，这条航线成为东部沿
海海运的重要航道。

　　至元二十九年（1292），朱清等人开辟第二条航线。这
条航线起止点并无变化，而是调整了中段航路。自刘家港起
航入海，经撑脚沙（今太仓西撑脚浦）至三沙洋子江，过万

元代古船（江苏太仓出土）

里长滩后，进入青水洋、黑水洋至成山，走刘岛（今山东威海刘公岛）、芝罘岛、沙门岛（今属山东蓬莱），而后驶至界河。这条航线从万里长滩至成山一线是远洋航行，既避开了沿海的暗礁浅滩，又取直海路，从安全性和时间上看都比第一条航线有优势，顺利的话全程仅需半个月时间，即使遭遇恶劣天气，一个多月也可抵达。

至元三十年（1293），在积累了前两条航线经验的基础上，开通了第三条航线。这条航线从刘家港出发，经崇明三沙，避开了万里长滩，直接从崇明东行入黑水洋，取道刘岛、登州、莱州大洋，直抵界河，至直沽口岸。这条航线基本上是在远海航行，顺风十日可驶完全程。由于大大缩短了航期，这条线路成为最佳的东部海上通道，此后往大都运粮多取此路。

从刘家港到直沽口的航线，是元代海运的主航道，此外还有福建通往江浙、山东半岛、广东的航线，直沽通往辽东、高丽的航道等。世祖至元后期，诸王乃颜叛乱，占领辽东大部分地区。罗璧负责运军粮到辽东支援元军平叛，"以漕舟至辽阳，浮海抵锦州小凌河，至广宁十寨，诸军赖以济"（《元史·罗璧传》），大概就是走的直沽至辽东的航线。

元代船户在海运过程中积累了不少经验，创造出很多航行的先进方法。如航程中常遇到浅滩暗礁，船只易于搁浅，甚至会造成船毁货损，于是有船户发明了"立标指浅"以利行船的办法，即在浅滩之处预先停泊船只，竖立标志杆，引领船队绕浅而行。这种导航的办法，以后又进一步改进成固定信号装置，在浅滩处高筑土堆，四周用石头垒砌，竖以高幡，夜间悬灯点火，指示船只航行（《大元海运记》卷下《记标指浅》）。这与后来的海岸建灯塔效果是一样的。

元代沉船（浙江慈溪出土）

港口是船只停泊、人员上下、货物装卸的地点。元朝政府很重视港口建设，尤其是将海港的建设与管理放在首位。当时的刘家港、白峁港、烈港、长乐港、泉州港、澉浦港等都是著名的海港。

元代海运漕粮发挥作用极大，据《元史·食货志》中说："元都于燕，去江南极远，而百司庶府之繁，卫士编民之众，无不仰给于江南。自丞相伯颜献海运之言，而江南之粮分为春夏二运。盖至于京师者一岁多至三百万余石，民无挽输之劳，国有储蓄之富，岂非一代之良法欤。"这种评价是恰如其分的。

元代海道交通线的开辟，不仅保障了大都相当一部分的粮食和物资供应，还对国内外海上交通的发展起到了积极作用。

对外交通

元代是对外交通发展的一个重要阶段。这一时期，无论是陆路还是海路，所达地域范围均前所未有。

对外陆路交通，最重要的是开辟了多条经西域通往中亚和西亚地区的道路，并与欧洲沟通往来。蒙古统治者经过西征之后，建立起横跨欧亚大陆的统治区域。元朝建立后，钦察汗国、伊利汗国、察合台汗国、窝阔台汗国这四大汗国与元朝仍保持着联系，并尊奉元朝为宗主国，朝聘使节往来频繁。当时元朝与之陆路联系，主要有三条道路。

第一条道路，从阿尔泰山到楚河流域和钦察汗国。先溯科布多河而上到阿尔泰山，越过阿尔泰山后，沿布克图尔玛河西行过额尔齐斯河，进而至海押立（今属哈萨克斯坦东南部与中国新疆伊犁地区交界地带），分路进入楚河流域和钦察地区。

第二条道路，从索果克河到叶密立和阿力麻里。从索果克河（科布多河上游）经乌伦古河流域的横相乙儿、布伦托海等地，西至窝阔台汗国的重要城市叶密立（今属新疆维吾尔自治区额敏）。从叶密立继续向西行，经过阿拉湖（今属哈萨克斯坦）、铁山（今阿拉山），进入中亚、西亚。或从叶密立经不剌城（今新疆维吾尔自治区博尔塔拉河下游古城）、铁木儿忤察，然后翻越天山，走栈道出峡谷，西行至察合台汗国都城阿力麻里（今属新疆维吾尔自治区霍城）。

第三条道路，阿尔泰山至阿力麻里。由阿尔泰山东北南下，经乌兰达坂隘口，进入乌伦古河流域，南向穿越戈壁和沙漠，到达别失八里（今属新疆维吾尔自治区吉木萨尔），然后走天山西麓，西行至阿力麻里。

元代来华的使臣和商旅，都是通过这几条路东至和林、上都及大都的。中国商人也是循这几条路前往中亚、西亚，或远赴欧洲的。

元代海外交通也是一个大发展时期。忽必烈是一个热衷向海外发展的皇帝，先后多次派遣使臣出访海外，试图与东起日本、西到印度洋的国家与地区建立联系。甚至动用武力，派遣舰队远征海外。元朝先后在泉州、庆元（今浙江宁波）、上海、澉浦、广州、温州、杭州七处设市舶司，以加强与海外的进出口贸易。

当时与东西方多国有海上交通线。从海南到占城（今属越南）是较近的航线，史载，"占城近琼州，顺风舟行一日可抵其国"（《元史·外夷列传三》）。但是，从大都到琼州路途遥远，前往并不便利。因此，元朝使臣到东南亚诸国，通常从庆元或温州出海。元成宗时人周达观随使臣到真腊，就是从温州先到占城的。

泉州至爪哇及东非航线：船舶从泉州港出发，经西沙群岛至占城，再由占城往爪哇。从爪哇可南下各国。或经南海、三佛齐、马六甲海峡，到印度的俱蓝。而后到波斯湾，沿阿拉伯海岸至亚丁湾和东非。

泉州至欧洲航线：从泉州港出海，经爪哇、苏门答腊、锡兰、德里、耶路撒冷，从阿曼利亚到意大利的威尼斯。或经占城、马六甲海峡、阿曼利亚，渡黑海经君士坦丁堡到威尼斯。至元二十九年（1292），马可·波罗就是走这条航线回到威尼斯的。元代泉州，聚集了很多经海路来的中亚、西亚人。这部分人信奉伊斯兰教，在泉州修建伊斯兰教堂，并长期定居于此地。当时定居泉州的一位被称为回回佛莲的巨商，祖籍为阿拉伯，"其家富甚，凡发海舶八十艘"，每次出海贸易的海船多达八十艘，家有"珍珠一百三十石"（《癸辛杂识续集下·佛莲家赀》）。

广州至波斯湾航线：从广州经马来半岛至印度，再由印度到波斯湾。阿拉伯人常来往于这条航线。

庆元至日本航线：庆元港与日本海上直线距离较近，是两国间商旅交往的起航与停泊地。通常从庆元起航经高丽驶往日本，或走远洋，或走近海。尤其是越东海北上至日本的九州航路，因便捷而最受两国商旅欢迎。当时日本商船往来庆元港很频繁，日本商人也常上岸交易，"贾区市虚，陈列分错，咿嗄争奇，踏歌转舞"（《清容居士集》卷十九《马元帅防倭记》）。元朝很多僧侣都是经海路抵达日本的，尤其是禅僧，在日本很受推崇。如一山一宁，原籍是台州（今属浙江），俗姓胡，号一山，法名一宁。他幼年出家，入天台山习修禅宗临济宗。大德三年（1299），被成宗授为江浙释教总统，赐号妙慈弘济大师。后奉命出使日本，从庆元乘船出海抵达博多，后前往镰仓。他先后在建长、圆觉等寺担任过住持，以其博学和精通佛经享誉日本佛教界，并被宇多天皇召至京都南禅寺传授佛学。他旅居日本十九年，培养出不少著名的日本高僧。此外，元代赴日高僧还有清拙正澄、明极楚俊、竺仙梵仙等人。这一时期，日本来华僧人也很多，仅史册留名的就多达二百二十余人。

直沽至高丽航线：元时，高丽商人通常经松辽平原陆路驿道进入中国内地，贸易后从直沽乘船返回高丽。高丽汉语教材《老乞大》中有这样的记载："五月里到高唐，收起绵绢，到直沽里上舡过海，十月里到王京。"

以上几条航线，仅仅根据零散的资料绘制，其实，元朝对外往来的航线远不止此。《大德南海志》里说："广为蕃舶凑集之所，宝货丛聚。"来华外国商船的国别和地区多达上百个。《岛夷志略》的作者南昌人汪大渊，元后期曾两次随商船游历东西洋，到过东自澎湖、琉球，西至阿拉伯半岛和非洲东岸等地区。元代温州永嘉人周达观，在元贞二年（1296）二月，随元使乘船从温州港南下赴真腊（今柬埔寨），先到占城，然后再到真腊，返程仍走海路回到庆元。周达观将见闻著录于《真腊风土记》一书，其中包括航海的内容。书中记录航海用"行丁未针""行坤申针"等，说明当时他见到过海上行船用罗盘针定位指导航线。

元人任士林也说，海船"长年顿指南车，坐浮庋之上"

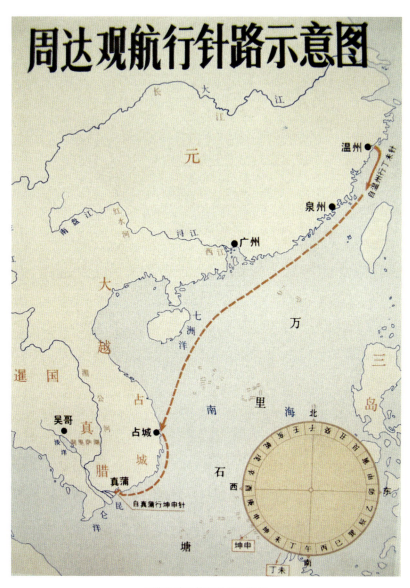

元代周达观航行针路示意图

元代的指南针碗

（《松乡集》卷四《送叶伯几叙》）。就是说，海船上设置可以定向的指南车，成为通用的基本设施。在指南针未用于航海之时，海上航行只能凭经验，或依靠天文知识观察天象。但遇到阴雨天气，则很容易出现偏差。元代航海技术进步，使用指南针来领航，并编制出罗盘针路，船行到什么地方，就指向什么针位，一路航程清晰明了。元代的《海道经》、《大元海运记》等书中，均记有以罗盘针路航海的方法，说明当时指南针用于航海是一种常态。指南针在航海中的应用，使船只获得了全天候航行的能力。自由自在地航行于茫茫大海，一直是人们梦寐以求的愿望。可以说，小小的指南针，确实起到了"定海神针"的作用。目前存世的有元代指南针碗和指南龟，为研究元代航海技术提供了实物资料。指南针碗现藏于辽宁抚顺市博物馆，磁州窑烧制，属于水浮法指南针所用之碗。指南龟是一种支撑式磁性指南工具，龟腹安有磁石，将木龟放在尖顶竖轴上，静止时，龟的首尾分别指向南北方向。

元代，无论是陆路还是海路，在与国外的交往中都发挥了巨大作用。道路的开辟，多条航道的开通，为中外交流创造了条件。

车与轿

车是元代路上使用的重要交通运输工具。据史籍记载，夏商时期已有两轮车，而且在商周遗址中发掘出了车辆的各种配件。轿的历史也很久远，甚至可以追溯到夏代。元代的车、轿有着与时代和环境相适应的特殊印记。

蒙古人的生活离不开车，这在13世纪到过蒙古草原的旅

元代的陶牛车

行家和使者的叙述中，是经常可以看到的现象。普兰诺·加宾
尼说：蒙古人"有些帐幕则不能拆开，而须以车搬运。以车搬
运时，较小的帐幕，一头牛拉就足够了，较大的帐幕，则须
三头、四头或甚至更多的牛，根据其大小而定。不管他们到
哪里去，出发作战或去任何其他地方，他们经常携带帐幕而
行"（《出使蒙古记》第9页）。从这一记述中可以看到，车在蒙古
人生活中的位置。有一头牛就可以拉走的小车，也有多头牛拉
的巨型车。鲁不鲁乞说："他们把这些帐幕做得如此之大，以
致有时可达三十英尺宽。因为我有一次量一辆车在地上留下的
两道轮迹之间的宽度，为二十英尺，当帐幕放在车上时，它
在两边伸出车轮之外至少各有五英尺。我曾经数过，有一辆车
用二十二匹牛拉一座帐幕，十一匹牛排列成一横排，共排成
两横排，在车前拉车。车轴之大，犹如一条船的桅杆。在车
上，一个人站在帐幕门口，赶着这些牛。"（《出使蒙古记》第112

（<u>页</u>）这样巨大的牛车，只有在不受道路限制的草原地区才可能行驶。"一个妇女可以赶二十或三十辆车子，因为那里的土地是平坦的。她们把这些车子一辆接一辆地拴在一起，用牛或骆驼拉车。这个妇女坐在前面一辆车子上，赶着牛，而所有其余的车子也就在后面齐步跟着。"（《出使蒙古记》第113页）南宋使臣彭大雅、徐霆也曾记述蒙古地区的大车，他们说："其居穹庐，无城壁栋宇，迁就水草无常。鞑主徙帐以从猎较，凡伪官属从行，日起营。牛马橐驼以挽其车，上室可坐可卧，谓之帐舆。舆之四角，或植以杖，或交以板，用表敬天，谓之饮食车。"（《黑鞑事略》）一辆车就是一个能移动的家，可以吃饭睡觉生活，功能如同当代的房车一样。草原城市上都的车很多，

元代乘辂图（元刻《孔氏祖庭广记》插图，中国国家图书馆藏）

元人马祖常曾写过一首《车簇簇行》诗，其中有"李陵台西车簇簇，行人夜向滦河宿"一句，描绘了上都城中车辆拥挤的情景。周密的《癸辛杂识续集》上记载："北方大车可载四五千斤，用牛骡十数驾之。管车者仅一主一仆。叱咤之声，牛骡听命惟谨。"周密所说的这种大车，在北方农业地区常见，主要是用来运送货物的。

元朝建立后，大都修内司下设有车局，官员有提领二员，管勾一员，主要管理大都修缮用车。宫廷的用车，则由宣徽院管理。

忽必烈喜欢乘坐象辇、象辂。辇是轿子，辂是两轮车。马可·波罗、拉施特、鄂多立克都描述过忽必烈乘坐象辇、象辂的形象。皇帝专用象辂非常讲究，《元史·舆服志》中详细记载了象辂的形制，有前辕、后辕，一根车轴，两个车轮，每个车轮有二十四根辐，毂头是铜质贴金的。车厢为木质，雕刻云龙纹，黄色涂金，四角有四根朱漆立柱，顶棚由三重黄色的丝织品制成。车内设有描金象牙雕龙椅，脚踩的踏道，龙椅之上有金锦方坐垫，车上缀有各种装饰，仅涂金小铜铃铛就有三百个。车门上有黄绉丝销金门帘。此外，还备有上车用的小黄漆凳。鄂多立克描述说："皇帝乘坐一辆两轮车，其中布置了一间极佳的寝室，均为沉香木和金制成，用大而精美的兽皮覆盖，缀有很多珍宝。车子由四头驯养的和上笼头的大象拉曳，还有四匹披戴华丽的骏马。"（《鄂多立克东游录》第76页）除象辂之外，宫廷中还有玉辂、金辂、革辂、木辂等各种辂。革辂是一水的白色，连拉车的马匹也是白色的，同样是雕刻云龙纹镶嵌金玉。玉辂为青色，金辂为金黄色，木辂为黑色饰金。辂中均配置朱漆轼柜，柜上摆放金香球、金宝、金香盒、银灰盘等，使车内香气扑鼻。这大概就是宝马香车的来历。

元顺帝最喜欢木器和机械加工，甚至亲自动手制作，宫中多有新奇玩意。当时，宫中制造有一种"五云车"，"车有五箱，以火树为槛式，乌棱为轮辕，顶悬明珠……中箱为帝座，外四箱为妃嫔座。每晦夜游幸苑中，御此以行，不用灯烛"（《元氏掖庭记》）。

元代官员一般没有公车，通常要自己备车。翰林编修官张翥说：年老"且久乏马，始作一车出入"。意思是他年老再骑马上班感到很疲劳，于是弄辆车乘坐。为此作诗一首，诗云："浅浅轻车稳便休，何须高盖与华辀。短辕不学王丞相，下泽聊为马少游。"（《蜕庵诗》卷四）意思是说，他的车车厢很浅，没有高高的顶盖和华丽的车杠，车辕也很短，比不上王丞相的华车，但是比起乘马遇到下雨要强得多了。延祐时任监察御史的马祖常，曾写《初日》诗描述他的车，诗云："初日照我车，我车不濡轮。泥潦即不出，旱复避埃尘。当辕驾一马，宜彼原阻平。下泽非所慕，朱丹亦非情。"（《石田先生文集》卷一）贵为监察御史，也不过是乘一匹马拉的车。看来当时买辆车也很不容易，因此，下雨刮风都不乘车外出，以免车辆受到损害。官员乘坐的车辆也有等级规定：一品至三品许用间金装饰、银螭头、绣带、青幔，四品、五品用素狮头、绣带、青幔，六品至九品用素云头、素带、青幔，并规定车上一律不许用龙凤纹饰。

北方草原上普通牧民的车辆有多种样式，常见的有蒙古语称为"合剌兀台·帖木坚"的车辆，这是一种木质毡篷式的两轮车辆，用马可·波罗的话说，"彼等有车，上覆黑毡甚

元人绘《商贾行旅图》中的独轮车

密，雨水不透。驾以牛驼，载妻儿于其中"（《马可波罗行纪》第234页），指的就是这种黑色毡车。迺贤的《塞上曲》中有描写毡车的诗句："杂逻毡车百辆多，五更冲雪渡滦河。当辕老妪行程惯，倚岸敲冰饮橐驼。"（《金台集》卷二）蒙古人对色彩很钟情，尤其是喜欢色彩分明的饰物。皇室的辂用黑、白、青、黄等色彩，普通牧民喜欢白毡帐、黑毡车、红蓝衣袍，这与地貌环境有关。蒙古人常年生活在草原上，看到的是蓝天、白云、绿草、青山等景象，从而形成一种来自大自然的审美观念。元朝法律规定，普通百姓用车，"黑油、齐头、平顶、皂幔"（《元史·刑法志四》）。

蒙古草原还有称为"合撒黑·帖木坚"的意为大车的一种车辆，能装载较大的毡帐。另外，有称为"农合速秃·帖儿坚"的羊毛车以及名为"撒斡儿·帖儿坚"的带锁的车等。鲁不鲁乞在游记中还记述了他看到的一种专门载运箱子的车，说他们"将装着箱子的车子排列在两边，距离帐幕半掷石之远，因此帐幕坐落在两排车子之间，仿佛是坐落在两道墙之间一样"，"一个富有的蒙古人或鞑靼人有一二百辆这样的放置着箱子的车子"（《出使蒙古记》第113页）。元代还有一种酒车，张昱《辇下曲》中有"教坊白马驮身后，光禄红箫送酒车"，描述的就是光禄寺人员驾酒车往宫中送酒的情景。

元代驿站是用车大户，据《元史·兵志》统计，腹里陆站有车1069辆，牛站有车60辆，河南行省陆站有车217辆，辽阳行省陆站有车2621辆，湖广行省陆站有车70辆。显然，统计并不完全，多个行省未有统计数字。当时，无论北方、南方的车子，尽管大小不一，但基本形制大致相同，均为两轮车或独轮车，未见有三轮车和四轮车的记载。

南方城市已经有了专事经营的车辆。如对于杭州城，马可·波罗说："在此大道之上，常见长车往来，车有棚垫，足容六人。游城之男女日租此车以供游乐之用，是以时时见车无数，载诸城民行于中道，驰向园囿……及夜，始乘原车返家。"（《马可波罗行纪》第537页）

元代也并非所有人都可以乘车，元律规定：娼妓之家"不许乘坐车马"（《元史·刑法志四》）。

元代陆路交通工具，除车之外，用得最多的是轿子。当时的轿子有多种形制，有华丽无比的皇家用轿，也有简易的民间用轿，材质多为木质。

宋末元初龚开《中山出游图》中的肩舆

　　元朝皇帝喜欢乘坐象辇，也称象轿，"驾以象，凡巡幸则御之"（《元史·舆服志一》）。忽必烈乘坐的象轿，通常是由四只大象驮着。马可·波罗说："大汗坐木楼甚丽，四象承之。楼内布金锦，楼外覆狮皮。"（《马可波罗行纪》第351页）而且还可以躺卧。马可·波罗所说的木楼就是木轿。至元十七年（1280），元朝宫廷专门设立制作象轿的治所，供皇帝出行之用。象轿为元代所特有，成为一大奇观。当年目睹过象轿的文人墨客，留下不少相关诗作。如张昱《辇下曲》云："当年大驾幸滦京，象背前驮幄殿行。"柯九思《宫词十首》中有："黄金幄殿载前驱，象背驼峰尽宝珠。"杨允孚《滦京杂咏》云："鸳鸯坡上是行宫，又喜临歧象驭通。"坐象轿尽管威风八面，但也有安全隐患。至元十九年（1282），吏部尚书刘好礼曾上奏言："象力最巨，上往还两都，乘舆象驾，万一有变，从者虽多，力何能及。"（《元史·刘好礼传》）不久，果然出了轿象受惊差点踩伤侍从的事件。还有一次，忽必烈狩猎归途中，迎候的人群里有艺人舞狮子迎驾，轿象受到惊

吓，狂奔不止，驭者控制不住。眼看就要危及圣驾，侍从官贺胜挺身拦截，众护卫随后追上大象，斩断象身上的束缚，才保护了世祖免受伤害，贺胜为此身受重伤。尽管如此，象轿仍为元代皇帝所钟爱。直到泰定帝以后，史籍中才很少见到造象轿的记载。

元代宫廷中还有一种称为腰舆的轿子，据《元史·舆服志》记载："腰舆，制以香木，后背作山字牙，嵌七宝妆云龙屏风，上施金圈焰明珠，两傍引手。屏风下施雕镂云龙床，坐前有踏床，可贴锦褥一。坐上貂鼠缘金锦条褥，缘可贴方坐。"可见，这种腰舆很豪华，用香木镂雕，镶嵌珠宝，两旁有扶手，山字形靠背，铺设的也是金锦、貂皮等褥垫。

元代在一些车辆不易通行的驿站配备轿子，供年老体弱的官员乘坐。驿站的轿子分为坐、卧两种，坐轿较为窄小，只能坐靠；卧轿较为宽大，可以躺卧。江浙行省还专门设有轿站，共"三十五处，轿一百四十八乘"；湖广行省的驿站，有"坐轿一百七十五乘，卧轿三十乘"；江西行省的驿站，有

"轿二十五乘"（《元史·兵制四》）。轿子虽不如车辆行驶快，但对于行走在狭窄的山路而言还是较为方便的。

船

车是路上交通工具，而船则是水上交通不可或缺的载体。船的历史悠久，《周易·系辞下》说"刳木为舟"。战国名著《考工记》云："作舟以行水。"元代的船在造船技术、规模和航行上，都超越了前代。

元代是水上交通的发展时期，海外贸易频繁，国内水上运输繁忙，因而也促进了造船业的蓬勃发展。

日本画家1293年绘长卷《蒙古袭来绘词》中的元代海军战船（日本菊池神社藏）

元代漕船（中国运河文化博物馆藏）

元朝初年并不重视造船业，也没有水军。因此，在对南宋的战争中，水上优势一直被宋军掌控。正如宋降将刘整对元军统帅阿术所说："我精兵突骑，所当者破，惟水战不如宋耳。夺彼所长，造战舰，习水军，则事济矣。"（《元史·刘整传》）并提出造船组建水军的建议。于是造船五千艘，组建一支七万人的水军，这才彻底改变了战局，最后完成灭宋的大业。元朝统一之后，在继承宋朝造船技术的基础上，又极大地推动了造船业和航海业的发展。

元朝造船数量很大，仅在至元十九年（1282），泉州等地"共造大小船三千艘"（《元史·世祖本纪九》）。此后，每年造漕运船都在五千艘以上。至元二十二年（1285），仅济州一地就增加"漕舟三千艘"（《元史·世祖本纪十》）。据马可·波罗说，当时在武昌看到："每年溯江而上之船舶，至少有二十万艘，其循江而下者尚未计焉。"相当于每天有六百艘船通过。"其船甚大，所载重量，核以吾人权量，每船足载一万一二千石，其上可盖席篷。"（《马可波罗行纪》第512页）据《元史·兵志》统计，全国有水站424处，船舶5921艘。民间船只的数量则无法统计。在元世祖时期，政府拥有和管理的海舶多达1500余艘。元时来华的意大利人鄂多立克说：金陵（今南京）"人口稠密，有大量使人叹为奇观的船只"。他还说："在那条塔剌伊大河出口处，有另一座叫做明州的城市。此城的船只恐怕比世上任何其他城的都要好要多。船身白如雪，用石灰涂刷。船上有厅室和旅舍，以及其他设施，尽可能地美观和整洁。确实，当你听闻，乃至眼见那些地区的大量船舶时，有些事简直难以置信。"（《鄂多立克东游录》第70—71页）鄂多立克所说的明州，即后来的浙江宁波港，为元代海外贸易的重要港口，有大量的船舶停靠不足为奇。

元代不仅船只数量多，载重量也很大，具备了建造大型船舶的能力。《元海运志》云："延祐以来，各造海船，大者八九千，小者二千余石，岁运三百六十万石。"伊本·白图泰曾在南洋见到过中国船舶，他说："帆系用藤篾编织，其状如席，常挂不落，顺风调帆，下锚时亦不落帆。每一大船役使千人，其中海员六百，战士四百。"建造这种大型的船只，"先建造两堵木墙，两墙之间用极大木料衔接。木料用巨钉钉牢，钉长为三腕尺。木墙建造完毕，于墙上制造船的底部，再将两墙推入海内，继续施工。这种船船桨大如桅杆，一浆

元代的行船（元盛懋《秋舸清啸图》）

旁聚集十至十五人，站着划船。船上造有甲板四层，内有房舱、官舱和商人舱。官舱内的住室附有厕所，并有门锁，旅客可携带妇女、女婢，闭门居住"（《伊本·白图泰游记》第486页）。这是主要用来载客的船舶。马可·波罗也见过元朝大海船的建造和使用，他说："船舶用枞木制造，仅具一甲板。各有船房五六十所，商人皆处其中，颇宽适。船各有一舵，而具四桅，偶亦别具二桅，可以竖倒随意。船用好铁钉结合，有二厚板叠加于上，不用松香，盖不知有其物也，然用麻及树油掺合涂壁，使之绝不透水。每船舶上，至少应有水手二百人，盖船甚广大，足载胡椒五六千担。无风之时，行船用橹，橹甚大，每具须用橹手四人操之。每大舶各曳二小船于后，每小船各有船夫四五十人，操棹而行，以助大舶。"

（《马可波罗行纪》第567页）当时船的性能也有很大提高，尤其是采取多密封隔舱技术，从而增加了船体的安全系数。

元代在河湖地区设有水站，每站备有船只多少不等。据统计，各地的船有五千余只。水站船只是专供因公出行的使臣和官员乘坐的交通工具。成宗大德元年（1297）规定，"一品、二品给三舟，三品、五品给二舟，六品至九品、令译史、通事、宣使等给一舟"（《经世大典·站赤》），试图以此控制和减少船只的用量。

元代凡是渡口都有摆渡船只，尤其重要渡口，多由官府提供船只，负责招募熟悉水性的艄工驾船，并订立摆渡规则。遇到押运官物公差使臣及往来官宦，要马上摆渡。百姓、客旅、车骑、行货、挈畜等乘船，要根据预先订立的标准收取船资。船资一半用于维修船只，一半作为艄工的工钱。各地收取船资，并无统一标准。黄河渡口与长江渡口，摆渡船资

《秋江待渡图》（元钱选，北京故宫博物院藏）

也不同。长江西津渡口，原规定摆渡船资为中统钞五十文，到仁宗时改为中统钞三钱，而且"凡遇老幼贫穷者毋得取要"。黄河渡口摆渡船资为至元钞一分。对于摆渡车马的收费标准，"重大车一辆钞二钱，空大车一辆钞一钱；重小车一辆钞五分，空小车一辆钞二分；驮子一头钞二分，空头匹一头钞一分；羊猪每五口钞二分"（《元典章·工部二》）。

元代对民间船只运载客货采取保护政策，规定"江淮等处米粟，任从客旅兴贩，官司毋得阻当，搬运物斛车船，并免递运，不以是何人等毋得拘撮拖拽，仍于关津渡口出榜晓谕。如遇籴贩物斛船车经过，不得非理遮当搜检，妄生刁蹬，取要钱物，违者痛行治罪"（同上）。至元二十九年（1292），元朝政府还明令，官船损坏须由官府修缮，不得借机征用民船。因此，民间船只得以正常运行。繁忙之时，客运船只甚至昼夜运行，"凡篙师于城埠市镇人烟凑集去处，招聚客旅，

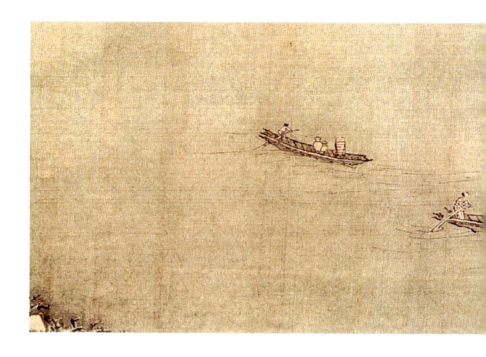

码头停靠的各种船只（元张远《潇湘八景图·山市晴岚》，上海博物馆藏）

元代的游船（元张远《潇湘八景图·洞庭秋月》，上海博物馆藏）

元王振鹏《龙池竞渡图卷》中的竞渡龙舟

装载夜行者，谓之夜航船。太平之时，在处有之"（《南村辍耕录》卷十一《夜航船》）。

城市中还有游船，供人们休闲游乐之用。如杭州，"湖上有大小船只甚众，以供游乐。每舟容十人、十五人或二十人以上。舟长十五至二十步，底平宽，常保持其位置平稳。凡欲携其亲友游乐者，只须选择一舟可矣，舟中饶有桌椅及应接必需之一切器皿。舟顶用平板构成，操舟者在其上执篙撑舟湖底以行舟（盖湖深不过两步），拟赴何处，随意所欲。舟顶以下，与夫四壁，悬挂各色画图。两旁有窗可随意启闭，由是舟中席上之人，可观四面种种风景"（《马可波罗行纪》第536页）。

元朝皇帝喜欢乘坐龙舟游戏于太液池。据《元氏掖庭记》载："己酉仲秋之夜，武宗与诸嫔妃泛舟于禁苑太液池中，月色射波，池光映天，绿荷含香，芳藻吐秀，游鱼浮鸟竞戏群集。于是画鹢中流，莲舟夹持，舟上各设女军，居左者……号曰凤队，居右者……号为鹤团。又彩帛结成采菱采莲之舟，轻快便捷，往来如飞。"小舟伴着龙舟，游戏于波光粼粼的太液池上，很是惬意。不仅武宗，后继的几个皇帝，也同样喜好乘坐龙舟。至大四年（1311），仁宗即位，九月刚改元，即传旨"给驿往取杭州所造龙舟"（《元史·仁宗本纪一》）。英宗在至治二年（1322）十一月，"造龙船三艘"（《元史·英宗本纪二》）。文宗不满足于在太液池过泛舟瘾，还到京西玉泉河上泛舟，史载，"文宗幸护国仁王寺，泛舟玉泉"（《元史·盖苗传》）。

游船中尤以元顺帝妥欢帖睦尔亲自设计制造的龙船技术含量最高。元顺帝治国能力不高，但在工程技术方面却才华横溢。他不仅会设计建造房屋和自动计时的宫漏，还能设计复杂的龙舟。他建造的龙舟，"自制其样，船首尾长一百二十尺，广二十尺，前瓦帘棚、穿廊、两暖阁，后吾殿楼子，龙身并殿宇用五彩金妆，前有两爪。上用水手二十四人，身衣紫衫，金荔枝带，四带头巾，于船两旁下各执篙一。自后宫至前宫山下海子内，往来游戏，行时，其龙首眼口爪尾皆动"（《元史·顺帝本纪六》）。能建造技术要求如此之高的龙船，也反映出元代造船技术达到了很高的水平。

急递铺

急递铺与蒙古语音译的"站赤"不同，是地道的汉语词语。急递，即快速递送之意；铺原意是设

元代的驿站乘铺马铜牌

置。急递铺这一形式，出现于北宋对西夏战争时期，用以传递紧急军情。此后在宋金并立时，急递铺为金朝所袭用。急递铺是继承古代邮传形式而发展起来的一种军事化通信联络系统。

元代急递铺制度，始建于忽必烈时期。中统元年（1260）四月，忽必烈旨令在燕京（今北京）至开平设立急递站铺，"凡有合递文字，依已前体例，严立限次递送"，并"自京兆府直至开平府，验地里远近、人数多寡，立急递站铺"。五月，"令随处官司直接邻境两界，安置传递铺驿至本路宣抚司，宣抚司置铺接连直至朝省"（《经世大典·急递铺》）。此后，急递铺制度逐渐完善。全国统一之后，各地遍设急递铺，主要用于重要公文的传递。

元代急递铺采取"十里或十五里、二十五里设一急递铺。十铺设一邮长，铺设卒五人"（同上）形式。实际上，急递铺间隔距离，也并未严格按照规定的要求设置。如镇江府丹徒

元代急递铺中的马递

县共设十三铺，其中六铺间相隔九里。丹阳县共设七铺，其中五铺相隔十三里半，两铺相隔九里。(《至顺镇江志》卷十三《邮传》)说明所谓急递铺定制，也只是规定一个大概的里数。急递铺每隔一段路程，设立一个固定铺所，铺所有院落房间，院中有高杆等显著标志，内设测日记时的日晷等装置。每铺设有五名铺兵，由一名邮长管领十铺、五十名铺兵，实行军事化管理。

急递铺传递公文邮件的速度，规定为一昼夜传递四百里，采取接力式传送，每铺负责本铺到下一铺的递送。铺兵递送邮件，备夹板一个，铃攀一副，缨枪一杆，软绢包袱一个，油绢三尺，蓑衣一领，回历一本。夹板用于夹住邮件，避免邮件折损。铃铛作为响器，系于皮腰带之上，沿途发出声响，路人自动避让，同时也提示下一铺预先准备接邮件。缨枪用来防身，软绢包袱为了装邮件后便于背负。油绢是一种防水的雨布，包裹邮件以免被雨雪打湿。蓑衣为铺兵遮雨所用，回历是用于邮件送到后签收登记的。鄂多立克曾见到过急递铺传送邮件，他说："一些被指派的急差长期住在叫做急递铺的驿舍中，而这些人腰缠一带，上悬许多铃子。那些驿舍彼此相距也许有三英里；一个急差接近驿舍时，他把铃子摇得大声叮当响；驿舍内等候的另一名急差听见后赶紧作准备，把信尽快地送往另一驿舍。于是消息从一名急差转给另一急差，迄至它送抵大汗本人。总之，整个帝国内发生的事，他就能马上或者至少迅速地全部获悉。"(《鄂多立克东游录》第77—78页）

急递铺备有两种传送文书的包装：一种是匣子。这种匣子长一尺，宽四寸，高三寸，用黑油红字书写匣号。"若系边关急速公事，用匣子封锁。"（以下引文见于《经世大典·急递铺》、《元史·兵志四》、《元典章》"兵部三"及"兵部四"）并在匣子上面写上发件的部门函号、传递的时间、经过的地点、接送的衙门等。另一种是邮袋，属于信封式。这种纸质包装信封，用于一般文书的传递。初期使用的封袋纸薄，"沿途递传，易为擦磨损坏"。后"更用厚夹纸印信封皮"，从而解决了磨损问题。这种信封式邮件，同样在上面标写入递时间和发收衙门。

急递铺本身有一套管理程序：一是昼夜值班制度。铺所要求有人全天值班，"每遇夜，常明灯烛"，随时准备接送邮件。二是邮件登记制度。急递铺中设"铺历两本，上司行下一本，诸路申上一本"。铺历即往来邮件的登记册。"各处县官，置文簿一道付铺，遇有转递文字，当传铺所即注名件到铺时刻及所辖转递人姓名，置簿，令转送人取下铺押字交收时刻还铺。"三是邮件的编号管理制度。每份邮件都用牌子编号，"其牌长五寸，阔一寸五分，以绿油黄字书号"。这样，邮件再多也不会混乱。同时，对负责传递邮件的铺兵有严格的纪律规定，"铺兵私下将所递文字开封发视者，根究得获，责付合属牢固收管，听候申部呈省详断"。如果丢失邮件，则要受到惩处。

中统二年（1261），朝廷限定了急递铺递送邮件的范围："递转文字，除中书省并本路行移官司紧要文字外，其余闲慢文字不得入递，亦不得私下夹带一毫物件。"但是，仍有人利用职权传递各种私人物品。至元八年（1271），朝廷重申除重要公文书之外，急递铺不捎带物品，"丝货、钞数、弓箭、军器、茶墨等物，若令各路顺便脚力捎带"。至元二十八年（1291）十二月，因"近年衙门众多，文字繁冗"，"应有转递文字，每日少者不下千百余件"，造成急递铺负担过重。于是，要求各衙门公文减并为一函，每日一件，重量不超过十斤。大德五年（1301）五月，为减轻急递铺的负担，又明确规定中书省、御史台、枢密院、宣政院等七十九种官衙文书可以通过急递铺邮送，而新旧运粮提举司、各投下总管府等二十种官衙的文书，不能经急递铺传递。

皇帝出行

元代百姓出行极为简便，或乘车，或步行，很是随意。官员出行一般或多或少都带有跟班随从。元廷规定了官员走驿路带侍从的人数。而元朝皇帝出行，真可谓是惊天动地。

皇帝出行，步骑列队扈行，队伍浩浩荡荡，前呼后拥，鼓乐齐鸣，声传数里。行进时，前队有黑色大纛旗开道，麾、幢、金节、氅稍、幡、伞盖、团扇竖立，马鼓、驼鼓、骡鼓、铜铃奏响，挥动鸣鞭，"威振远迩"（《元史·舆服志二》）。每年皇帝巡幸上都，路上所用水瓶、水盆、净巾、香球、香盒、金拂、唾壶、唾盂等日常生活用品，缺一不可。

皇帝外出巡幸，随行人员众多，"则宰执大臣，下至百司庶府，各以其职，分官扈从"（《黄金华集》卷八《上都御史台殿中司题名记》）。中书省、御史台、枢密院三大系统都要派官员扈从，以便及时奏报要事。翰林国史院也派遣官员扈从，随时为皇帝提供阅读的文史书籍等。甚至僧、道首领也参加扈从。扈从官员骑乘马匹的规定是："每岁车驾巡幸上都，从驾

《挟弹游骑图》（元赵雍，北京故宫博物院藏）

山西永济元永乐宫壁画中的官员巡行图

百官不许骑坐骗马，唯骑答罕马。"（《山居新话》）皇帝出行，后妃自然随行，所谓"三十六宫齐上马，太平清暑幸滦都"（《草堂雅集》卷一）。而先帝在世时的年长的嫔妃要先期到达上都，通常是乘坐宫车。杨允孚的《滦京杂咏》中，有两首诗是说先朝后妃宫车的。其一，"先帝妃嫔火失房，前期承旨达滦阳。车如流水毛牛捷，鞴缕黄金白马良"。火失房，即元代历朝后妃的宫车。其二，"宫车次第起昌平，烛炬千笼列火城。才入居庸三四里，珠帘高揭听啼莺"，说明有大量宫车随从巡幸。

皇帝外出巡幸前还有繁琐的仪式，要先请"西僧作佛事于乘舆次舍之所"（《元史·文宗本纪四》），后在万岁山大宴百官。大都留守官员，要护送车驾到大都西边的大口之地。词云，"岁幸上京车驾动，近臣准备銮舆从。建德门前飞玉辂，争持送，葡萄马乳归银瓮"（《圭斋文集》卷四《渔家傲·南词》）。上都官员也要南下迎驾，甚至远至黑谷驿路沙岭捺钵之地迎接。

元帝出行不仅官员和怯薛等扈从，还要有大批马、牛、驼提供脚力和拉驮物品。沿途和到达上都后食用的牛羊和取奶马匹也要随行，而且往往先行启程，以便预先准备食材。有诗云："翠华慰民望，时暑将北巡。牛羊及骡马，日过千百群。庐严周宿卫，万骑若屯云。毡房贮窈窕，玉食罗膻荤。珍缨饰驼象，铃韵遥相闻。"（《纯白斋类稿》卷二《京华杂兴诗二十首》）

皇帝秋季从上都南返大都时，大都留守官员还要举行巡山、巡仓等活动，做迎驾的准备。"两京使臣交驰不绝，声迹无间。"（《析津志辑佚·岁纪》）车驾临近大都时，一部分大都留守官员要到居庸关北口或龙虎台迎候。词云，"龙虎台前驼鼓响，擎仙掌，千官瓜果迎銮仗"（《渔家傲·南词》）。另一部分官员在城里准备庆典："省院台官大聚会于健德门城上。分东西两班，至丽正门聚会，设大茶饭，谓之巡城会。自此后，则刻日计程迎驾。"（《析津志辑佚·风俗》）"直至八月中秋后，车驾还宫，人心始定。"（《析津志辑佚·岁纪》）。

元代皇帝外出狩猎，虽比不上巡幸隆重，但也很讲究排场。"冬春之交，天子或亲幸近郊，纵鹰隼搏击，以为游豫之度，谓之飞放。"（《元史·兵制四》）马可·波罗在行纪中专门辟有五章介绍大汗行猎，他提到忽必烈出猎时乘坐象轝，"携最良之海青十二头。扈从备应对者有男爵数人。其他男爵则在周围骑随，时语之曰：'陛下，鹤过。'大汗闻言，立开楼门视之，取其最宠之海青放之。此鸟数捕物于大汗前，大汗在楼中卧床观之，甚乐。侍从之诸男爵亦然。故余敢言，世界之人，娱乐之甚，能为之优，无有逾大汗者"（《马可波罗行纪》第351—352页）。说明元朝皇帝外出狩猎，同样兴师动众。

通行证件

元代对行旅交通的管理方式，采用的是发放通行证件的制度。如果没有官府发放的证件，出行、经商、行驿道、住驿站、居旅店、乘车、乘船等都会受到限制。元代的通行证件，有牌符、圣旨、札子、公引等多种。

元代牌符分为两种：一种是所谓"做官的牌子"，即身份证明，主要颁发给各级军官，用以表明身份、地位和权力。这种牌符，分为虎符、金牌、银牌等。另一种是专门颁发给

元代第五任帝师玉印印文（西藏博物馆藏）

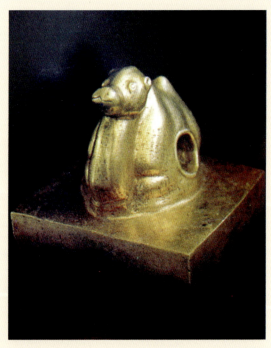

元代白兰王金印（1264年，元世祖封八思巴弟恰那多吉
为白兰王，并赐金印。西藏布达拉宫藏）

官员奉使出行的牌符，即通行证件。

大蒙古国时期，作为通行证件的牌符通常是长牌。鲁不鲁乞曾见到过蒙哥汗派遣使臣所用的长牌，他说："蒙哥并把他的金印交给这个蒙古人。金印，即是一块金牌，有一手之宽，半腕尺长，上面刻着他的命令。不论是谁，持有这种牌子就能随心所欲地发布命令，而这种命令必须立即执行。"（《出使蒙古记》第178页）元朝建立后，颁发多种牌符，其中有海青牌、蒙古字牌、镔铁海青圆符等。这种牌符多为圆形，因此被称为圆牌。这几类牌符等级不同，使用的范围有别，享受的待遇也大不一样。

元代八思巴字乘驿圆牌（甘肃省博物馆藏）

海青牌是以海青鹰命名的一种牌符，分为金质和银质两种，上绘有海青图案，意思是迅捷快速，通常传递紧急军情的人员才能使用。海青牌属于最重要的乘驿证件，据学者党宝海《世祖前期海青牌使用简表》统计，一共颁发过35块（党宝海《蒙元驿站交通研究》第199页，昆仑出版社2006年版）。当然，这是仅见于史料记载的。但从中也可以看出，此牌颁发的数量很少，而且在至元七年（1270）即停止使用。

蒙古字（八思巴字）牌，顾名思义，是铸有蒙古字的牌符。这种牌符从至元七年开始颁行，当时颁行此牌的文件收录在《元典章·礼部》中，大意是停止行用海青牌，改用蒙古字牌，等级分为三种：一是朝廷用的有边栏纹饰的金牌；二是诸王用的素金牌；三是政府一般官员用的银牌。当时，朝廷指示"先行依样打造下项蒙古字牌九十面"（《元典章·礼部二》）。蒙古字牌，也同样是差遣乘驿时的重要凭证。

镶铁海青圆符是元朝统一全国后颁行的一种通行凭证。至元十四年（1277），也就是灭亡南宋后的第二年颁行。此时，道路和驿站建设已辐射全国。因此，需要一种新的通行证件来代替原有的蒙古字牌，于是镶铁海青圆符开始行用。这种圆牌分为金、银字两种，后通称金符、银符。从存世的几面金、银符原物中可以有更直观的了解。牌符铁质、圆形，上部略凸起，阳刻伏虎图案，顶部有系绳铁环。符面镶嵌金字或银字八思巴字五行，意为"长生天气力里皇帝圣旨，如违，要罪过者"。这两种牌符使用时间很长，直到元朝末年。

除上述牌符之外，元廷先后颁行的证件还有札子、圣旨、公引等。

元代镔铁海青圆符

出使伊利汗国石刻（拓片，1953年福建泉州南郊出土，原石存泉州海外交通史博物馆）

　　札子是元朝政府签发最多的一种通行证件，类别有铺马札子、船札、差札等。铺马札子主要是用于通过驿站的纸制证件，最初由中书省制作并发行。札子上标明驿站提供马匹的数量，并盖有官印。这种札子初行时用汉字书写，后改为畏兀儿体蒙古文，再后来改为八思巴字蒙古文。元代札子发行前紧后松，初期中央政府只对负有重任的使臣发放铺马札子。后来，行省的地方政府办理钱粮庶事也自行出给札子。元廷对边远地区官员乘驿还有所关照，在铺马札子控制严格的时期，"边远官员凭省札乘传"，也就是仍可以用行省札子通行驿站。中书省还一次"以省库所存札子一百道，颁给远方"（《经世大典·站赤》）。船札是中书省颁发用于乘水站船只的证明。元代在有河湖的地区专门设有水站，并配备一定数量的船只供因公来往的官员乘用。船札则是水路乘船的证件。差札是与牌符等配套使用的一种证件，又称"别里哥"，蒙古语意为"符验""证件"等。由兵部发给的差札，又称为"兵部别里哥"。由于别里哥用八思巴字蒙古文书写，因此兵部设置译史房，又称"蒙古房"，专司差札。乘驿申请被兵部批复同意后，"移付蒙古房，凭付译写别里哥"（《永乐大典·成宪纲要》）。随后，再领取牌符或铺马圣旨。

圣旨有多种，而专门用于驿站交通的证明称为铺马圣旨。在铺马札子颁行过程中，因出现种种弊端，至元十九年（1282）后，以铺马圣旨替代铺马札子。忽必烈指示，"今后中书勿与铺马文字，给降圣旨可也"（《经世大典·站赤》）。铺马圣旨仍用八思巴字蒙古文撰写，上加盖皇帝宝玺印信，并有编号，由千字文和数字组成。具体换写和收掌机构改为蒙古翰林院。使者办事回来后要交还圣旨，如借与他人或遗失，要受到处罚。除圣旨之外，诸王还颁发令旨乘驿。由于持有令旨的人员过滥过杂，给驿站带来很大负担，于是元朝政府多次下令拘收令旨，但是往往收效甚微。

公引是地方政府发放的通行和住宿证件。此外，经商的凭证有盐引、茶引、醋酒引等。

元朝政府对行旅、住宿采取发放公引的管理办法。凡是外出之人，要到住地衙门申请，经批准后发给公引。元朝政府在重要通道和渡口都设有检查站，负责查验公引，住宿也要出示公引，并登记持公引人的信息。《老乞大》中记录有一段外来商贩住旅店时的对话，可以了解当时的公引使用情况。这是一个辽阳商贩，路遇两个来大都的高丽商贩，他们结伴而行，想在大都住宿。现将他们与店主人的对话抄录于下：

主人家哥。俺是客人，今日晚也，恁房子里觅个宿处。

俺房子窄，无处安下，恁别处寻宿处去。

元代铜赐行走中军令牌（内蒙古自治区蒙元文化博物馆藏）

元代五体文夜巡铜牌

你这般大人家，量俺两三个客人，恰便下不得那？
怎好房子里不教俺宿时，则这门前车房里，教俺宿一夜
如何？

俺不是不教恁宿。官司排门粉壁，不得安下面生歹
人。恁知他是那里来的客人？自来又不曾相识，怎知是
好人歹人。便怎么敢容留安下恁？

主人家哥，俺不是歹人。小人在东京城里住。现将
印信文引（奉上）。

从上引材料来看，元朝政府对行旅住宿使用公引等的规
定，的确起到一定作用。除住宿用公引之外，经商的商人还
使用一种引，如盐商用盐引，茶商用茶引。盐引是官府发给
盐商到盐场贩盐的证件，茶引是发给茶商贩茶的证件。元朝
政府通过各种措施，达到对社会加以控制的目的。

后记

　　本书最初写于20世纪80年代中期，由《中国社会风俗丛书》编委会约稿，原名为"元代社会风俗史"。书稿完成后，通过编委会和陕西人民出版社编辑审定，但由于种种原因，未能正式出版。承蒙中华书局约写有关元代衣食住行方面的书稿，正与我三十年前撰写的书稿前半部分不谋而合，因此就接受下来。本书是在保持原稿整体结构和内容的基础上，又参考近年出版的元史方面的相关著作和文物方面新发现的资料，对原稿作了进一步的充实和修订。因体例所限，本书不可能将参考文献和著述一一列举。在此，谨向以各种方式帮助过笔者的学界师友，表示衷心的感谢！笔者十几年前在山西晋城地区考察元代古建筑时，曾得到在晋城政协任职的柴石旺同志全程陪同，并惠赠有关资料。书中部分插图由中国社会科学院历史研究所王育成教授提供。本书在编写过程中，得到中华书局编审陈虎先生的大力帮助。没有他们的帮助，本书不可能顺利面世。对于本书的错误之处，欢迎读者批评指正。